**세상에 나쁜 부모는 있다**

家庭傷痕: 父母在等孩子的一句道謝, 孩子在等父母的一句道歉

Copyright © 羽茜, 2024
First published in Taiwan in 2024 by China Times Publishing Company
Korean edition copyright © Korean Publishing Marketing Research Institute, 2025
All rights reserved.
This Korean edition published by arrangement with China Times Publishing Company through Shinwon Agency Co., Korea

# 세상에 나쁜 부모는 있다

자식을 사랑한다는
사회적 편견에 가려진
정서적 폭력

위첸 지음
박소정 옮김

북바이북

**차례**

**프롤로그**
입 밖으로 꺼낼 수 없는 상처가 있으면 진실한 사랑은 성립하기 어렵다　　006

## 1장
## 가정에서 받은 푸대접: 우리는 무엇을 경험했나?

아이는 부모가 진심인지 아닌지 다 안다　　016
진실한 사랑은 보살피고 책임지며 존중하고 이해하는 것이다　　023
사랑과 관련해 중요한 것은 겉모양이 아니라 진실이다　　030
아이로 인해 더 나은 사람이 되는 과정은 자동화 시스템이 아니다　　037
아이는 항상 부모에게 받은 상처를 치유하기도 전에 용서를 강요받는다　　044
"세상에 나쁜 부모는 없다"라는 말은 신앙이지 현실이 아니다　　050
『우리는 왜 부모에게 빚지지 않는가』에 대해 이야기하다　　057
"예전에 우리도 다 그렇게 자랐어"라는 말은 세대 차이를 간과한 것이다　　065
"딸은 세심하다"라는 말은 모든 여성에게 족쇄다　　072
부모가 준 상처를 인정하는 것만이 치유로 나아가는 유일한 방법이다　　080

## 2장
## 부모는 가족이자 중요한 '타인'이다

부모가 준 상처의 그늘에서 벗어나기 위해 가장 먼저 해야 할 일은
부모를 타인으로 보는 것이다　　092

| | |
|---|---|
| 내가 무조건 옳다고 여기는 것은 자녀의 독립을 가로막는다 | 103 |
| 타인에게 가장 말하기 힘든 고통은 자기애성 인격 장애가 있는 부모의 존재다 | 109 |
| 역할 기대는 자기 자신과 자녀에 대한 구속이다 | 118 |
| 모성애가 없는 엄마일까 봐 걱정될 때 사랑받지 못한 것이 치욕이 된다 | 125 |
| 불평등한 교환 관계는 부모와 자식 관계를 사랑의 본질에서 멀어지게 한다 | 134 |
| 엄마가 자기 인생을 살아야 자녀를 통제해서 보상받으려고 하지 않는다 | 140 |
| 나에게 사랑받을 자격이 있음을 열심히 증명하는 일은 정확하게 그 사랑이 존재하지 않음을 증명하는 일과 같다 | 148 |

## 3장
# 다르지만 우리가 받아들일 수 있는 일들이 있다

| | |
|---|---|
| 집에서도 연약함을 드러낼 수 없다면 대체 어디에서 가능할까? | 156 |
| 자녀를 사랑하는 부모도 있고 사랑하지 않는 부모도 있다 | 162 |
| 모성애가 엄마에게 필요한 여유를 가져다준다는 믿음은 엄마가 느끼는 일상의 결핍을 무시하는 것이다 | 171 |
| 집에서 책임지지 않는 사람이 있으면 과도하게 책임지는 사람도 있다 | 179 |
| 상처받은 아이는 상처 주는 것도 사랑이라고 늘 믿고 싶어 한다 | 187 |
| 서로 이해할 수는 없어도 상대방이 나처럼 쓸쓸하다는 건 안다 | 197 |
| 서로가 죽을 수 있다는 생각을 떠올리기만 해도 가족 사이는 끈끈해진다 | 201 |

**에필로그**
| | |
|---|---|
| 내 방식대로 산다는 것은 내 생각과 마음을 써내는 일이다 | 208 |

프롤로그
# 입 밖으로 꺼낼 수 없는 상처가 있으면
# 진실한 사랑은 성립하기 어렵다

생각할수록 가정은 정말 특별한 곳이다. 집을 마음이 따뜻해지는 피난처로 여기는 사람이 있는가 하면 집 밖에 있을 때 마음이 더 편하다는 사람도 있다. 어린 시절을 회상할 때 누군가의 보호를 받으며 즐거웠던 기억을 떠올리는 사람도 있지만, 가족이 뿔뿔이 흩어지지 않게 온 가정을 돌보며 어려서부터 애어른 노릇을 해야 했던 사람도 있듯이 말이다.

우리 생각처럼 모든 아이가 아무 걱정과 근심 없이 어린 시절을 보내는 것은 아니다. 세상에 무책임한 성인이 있으면 무책임한 부모도 있게 마련이다. 인격이 미성숙하고 가치관이 편협하며 정신병질 인격psychopathic personality(사이코패스)을 가진 성인이 있으면 당연히 그러한 부모도 있을 것이다. 그런데 관련 자료를 읽고 공유하며 아이가 이런 부모에게 상처받은 경험을 독자와 나누면서 나는 사람들이 이 세상에 자격 없는 부모, 특히 아이를 사랑하지 않는 부모가 있다고 말하기를 꺼린다는 인상을 받았다.

누군가 부모에게 받은 상처를 이야기하면 그 사람이 어린 아이든 성인이든, 그 일이 과거에 벌어졌든 현재의 경험이든 돌아오는 반응은 한결같다. "너무 심각하게 생각하지 마. 이 세상에 나쁜 부모는 없어. 모든 부모는 자식을 사랑해." 이는 마치 부모에게 상처받고 사랑받지 못한다고 느끼는 사람 본인에게 문제가 있다고 말하는 꼴이나 마찬가지다. 이들에게는 감사할 줄 모른다는 꼬리표가 붙는다. 사람들은 상처받은 그들의 감정에 주목하기보다는 부모의 사랑은 타고나며 의심할 여지가 없다고 믿으려 한다.

상황이 이러하니 상처받은 사람은 자기 경험을 말할 수 없다. 심지어 부모에게 상처받았으면서 외려 자신이 부모에게 상처를 주었다고 왜곡하기도 한다. 내가 너무 못되고 제멋대로에 철이 없어서 부모가 나한테 잘해주지 못하고 나를 사랑할 수 없게 된 거라고, 부모는 원래 정이 많았는데 나 때문에 자존감이 떨어진 거라고 말이다.

주변 사람들은 부모의 말과 행동이 아이에게 상처를 준다는 사실을 받아들이려는 의향은 있지만, 중간 과정은 생략한 채 아이에게 이미 다 지나간 일이니 부모의 '공功으로 잘못인 과過를 상쇄'하라고 강조하기도 한다.

부모가 언어적·육체적·정신적 폭력, 정서적 방임emotional neglect 등 어떤 형태로 아이에게 상처를 주든 부모로서 양육 책임을 다하고, 성인이 된 자녀에게 육체적·정신적으로 심각한 상처가 없어 보이면(실제로 다른 사람에게 상처가 꼭 드러나는 것은 아니다-저자), 사람들은 '부모가 준 상처가 별로 심각하지 않구나', '받아들이고 용서할 만한 수준이며 과거는 과거일 뿐이구나'라고 생각한다. 사람들은 아이가 스스로 잘 크기 위해, 부모가 자신에게 남긴 상처를 이해하고 치유하기 위해 얼마나 많이 노력했는지, 그 속은 얼마나 썩어 문드러졌을지를 간과한다. 제대로 사랑받지 못하고 자란 사람은 자존감과 자신감을 가지기 어렵다.

잘한 일로 잘못을 덮는 건 우리가 부모와 자식 관계를 대하는 특별한 방식이다. 이런 특수한 인식이야말로 사회가 부모에게 부여한 일종의 특권이라는 사실을 사람들이 과연 아는지 궁금할 때가 많다. 만약 부모와 자식 간이 아니라 다른 사람, 예를 들어 친척, 연인, 친구나 직장 동료 사이에 똑같은 상황이 벌어진다면 공으로 잘못을 덮는 일은 결코 허용되지 않을 것이다. 우리가 배우자의 폭행에 시달리는 사람에게 "배우자가 기분 나쁠 때 손찌검하기는 해도 평소에는 잘해주잖아요. 그 사람의 좋은 점을 봐야죠"라고 말하지 않는 것처럼 말이다.

그런데 정작 아이에게는 이와 비슷한 말을 건넨다. "아빠랑 엄마가 가끔 너한테 못되게 굴기는 해도(언어적·신체적 폭력일지라도-저자) 평소에는 잘해주시잖아. 먹여주고 재워주고 입혀주고 비싼 학교도 보내주고. 좋은 곳에 데리고 가서 놀고 장난감도 사주고……." 사람들은 부모가 아이에게 들이는 공을 강조한다. 마치 생존에 필요한 물질이나 조건을 충족시키고 아이의 생존 능력을 길러주면 어쩌다 가끔, 심지어 자주 부모가 아이에게 폭력을 행사하거나 아이를 통제하고 다치게 해도 된다는 식이다.

"나 아니었으면 넌 진즉에 길바닥에 나앉았어", "너 때문에 내 인생이 이렇게 비참한 거야", "어떻게 너 같은 자식을 낳았을까. 운도 지지리 없지" 우리는 부모가 아이에게 이런 잔인한 말들을 하게 내버려두면서 부모의 말에 악의가 없다고 강조한다. 그러면서 아이에게는 좋은 점만 기억하고 낳아준 부모에게 감사하라고 요구한다.

대부분의 사람과 마찬가지로 나 역시 부모가 되고 나서야 부모 노릇이 얼마나 고되고 힘든지를 알게 되었다. 출산이 엄마가 생명의 위험을 무릅쓰고 넘는 관문이라면, 아이가 자라 성인이 될 때까지 보살피고 양육하는 일은 그보다 더 어려운 임무였다. 그뿐만 아니라 부모 앞에서 아이가 얼마나 연약한 존재인지도 뼈저리게 느꼈다. 이 사회는 부모에게 많은 특권을 부여하기 때문이다. 앞에서 언급했듯이 사람들은 아이를 사랑하지 않는 부모가 있다는 사실을 믿으려 하지 않는다. 그래서 아이를 사랑하지 않는 부모의 말과 행동을 변호한다. 설령 아이에게 상처 주는 부모가 있어도 공으로 과를 덮고 과거의 잘못은 묻지 않을 수 있는 부모의 권한을 지켜준다. 무슨 짓을 해도 합리화되고 심지어 '아이를 위한 행동'으로 미화되기까지 하는 부모에 비해 아이는 절대적으로 약자다. 이런 약세는 아이가 성인이 될 때까지 이어진다. 아이들은 부모에게 받은 상처와 사랑받지 못한 자신의 처지를 말할 수 없다.

나는 친구들과 자주 농담조로 이렇게 말한다. 누군가 부모에게 정서적 협박emotional blackmail(공포나 죄책감 등 감정적인 부분을 건드려 어떤 일을 하게끔 강요하는 것-역주)을 받으면 그 고통에 공감하고 동정할 사람은 일부에 불과할 거라고 말이다. 오히려 정서적 협박에 동참하며 "부모는 널 낳아 길러준 것만으로도 이미 고생할 만큼 했는데 뭐 하러 다시 그 이야기를 꺼내느냐"고 비난하는 사람이 더 많으리라고 예상하는 것이다. 부모와 자녀의 관계는 이토록 불평등하다. 더 큰 압박을 피하려면 아이는 전혀 상처받지 않은 척, 부모는 이상적인 부모인 척할 수밖에 없다.

나는 아이의 마음을 아프게 한 부모를 비난하려고 이 책을 쓴 것이 아니다. 세상에 완벽한 사람은 없으며 모든 사람이 사랑하는 법, 그리고 사람들과 잘 지내는 법을 배우고 있음을 알고 있다. 내가 하고 싶은 말은 부모와 자녀의 관계는 애초부터 불평등할 수밖에 없다는 선입견이 둘 사이에 진실한 사랑이 성립하는 데에 걸림돌이 될 수 있다는 것이다.

사람들은 자식을 향한 부모의 사랑은 타고나는 것이며 자녀는 철이 들면 부모에게 사랑으로 보답한다고 말한다. 그런데 만약 당신이 상처받고도 평생 아프다는 소리는커녕 상대방이 당신에게 상처를 주었다고 말할 수도 없고, 고통스럽지만 자신을 비하하고 내가 철이 없다고 말해야 한다면 어떨까? 그 사람과 과연 자연스럽고 편안한 관계, 곁에서 따뜻함과 안전감을 느낄 수 있는 그런 관계가 성립할 수 있을까? 그보다는 두렵고 도망치고 싶은 마음이 들 수밖에 없다.

**진정한 사랑은 평등과 존중에 기초한다.** 누군가를 사랑할 때 그 사람의 감정뿐만 아니라 그가 스스로 공평하고 합리적인 대우를 받는다고 느끼게 하는 것도 중요하다. 그런데 일단 부모의 권위가 '발동'해서 아이에 대한 부모의 사랑이 신성시되고 의심할 여지가 없는 것이 되면, 아이의 감정은 부모의 감정만큼 중요하게 여겨지지 않는다.

부모와 자식 관계에서 사람들이 기대하는 것이 진실한 사랑인지 아니면 상하 관계인지 의심스러울 때가 있다. 진실한 사랑이라면 상처를 준 쪽이 누구든 상처받은 사람에게는 상처받은 감정을 말할 권리가 있고, 상대방의 만족을 위해 자기 감정을 속일 필요가 없어야 한다. 그런데 이 사회는 모든 부모가 자기 자식을 사랑하고, 이 세상에 나쁜 부모는 없으며, 부모가 주는 상처는 본의 아니게 저지른 잘못이라는 미신을 지켜야 한다고 강조한다. 부담과 압박을 주는 이런 환경에서 아이가 부모의 언행 때문에 상처받았다고 말하기는 사실상 불가능하며 아프다고 말하기도 힘들다.

어쩌면 이 책을 읽고 적잖이 놀랄 수도 있다. 책의 첫머리에서부터 '세상에 나쁜 부모는 없다'라는 말을 수정하거나 단서를 달아야 한다고 지적하기 때문이다. 『천재가 될 수밖에 없었던 아이들의 드라마』, 『내 뼈는 모든 걸 알고 있다』, 『가정은 사람을 다치게 할 수 있다』 등을 읽었다면 가정으로부터 받는 상처가 딱히 새롭지 않다는 사실을 알 것이다.

이 책의 특색은 개인적인 감정을 토로하거나 심리학적 관점에서 부모와 자식의 관계가 개인의 심리적 성장에 어떤 영향을 주는지 탐구하지 않는다는 데 있다. 왜냐하면 나는 사회학 전공자이기 때문이다. 우리가 사는 사회 환경과 사회 문화는 언제나 친자 관계에 특수성을 부여하며 부모의 사랑을 신성시하고 부모는 절대 자식에게 상처를 주지 않는다는 사회적 미신을 강조한다. 그래서 아이는 성인이 되어서도 자신의 상처를 남에게 털어놓기 어렵고, 그 상처를 치유하기는 더더욱 어렵다. 내가 하고자 하는 이야기는 이런 것이다.

# 1장
# 가정에서 받은 푸대접: 우리는 무엇을 경험했나?

# 아이는
# 부모가 진심인지 아닌지
# 다 안다

아이 일로 나는 사람 사이의 대화가 공을 주고받는 것과 같다던 일본 심리학자 가와이 하야오의 말이 떠올랐다. 누군가와 함께 지내는 일도 마찬가지다. 핵심은 절대적으로 정확한 방법을 찾는 것이 아니라 상황을 회피하거나 형편에 따라 처리하지 않고 '스스로 머리를 써서 생각해내야 한다'는 것이다.

이것은 아이와 지낼 때도 동일하게 적용된다. 때로는 방법의 좋고 나쁨이 아니라 어른이 자신을 대하는 마음가짐과 동기를 알아차리는 아이의 직감이 결과를 결정할 때가 있다. 생판 모르는 남이 들어도 '정말 좋은 부모'라며 감동하고 감탄할 만큼 부모가 조리 있게 말을 잘해도, 아이는 정말 자기에게 관심이 있어서 하는 말인지 아니면 그저 자기를 설득하고 감동시키려고 대충 둘러대는 말인지 판단할 수 있다.

일단 아이가 '부모는 자아도취에 빠진 것뿐이다', '관심을 가지는 것처럼 보이고 싶을 뿐이다', '부모의 말이 일리가 있다고 인정받기 위함일 뿐이며 부모 본인도 그 말을 믿지 않는다'라고 판단하면 절대 부모의 말에 감동하지 않는다. 설령 집 밖에서 부모가 이런 말들로 수많은 사람을 감동시킨다고 해도 말이다.

딱히 영리하지도 않고 다소 우악스럽게 행동해 좌절하거나 실패하는 모습, 자신의 나약한 진심을 내비친다면 상황은 정반대가 된다. 부모가 본인의 체면이나 기대 때문이 아니라 진심으로 나에게 관심을 가진다고 생각하면 아이는 부모의 성의를 받아들이고 인정한다. 남이 볼 때 아이를 키우는 이상적인 부모의 모습에 전혀 부합하지 않더라도 말이다.

**아이는 부모가 자신을 진심으로 대하는지 아닌지를 기준으로 부모의 말이나 태도를 얼마나 믿고 인정할지를 판단한다.** 부모가 진심인지 아닌지를 판단할 수 있는 아이의 신비로운 직감 때문에 소위 '좋은 부모'(진심으로 아이를 사랑하는 부모를 좋은 부모라고 정의한다는 가정하에-저자)를 바라보는 제삼자와 아이의 관점이 달라진다. 그런데 보통 사람들은 본인의 판단에 의존해서 "그는 그런 사람이 아닌 것 같아", "그들은 정말 괜찮은 부모라고 생각해"와 같은 말을 쉽게 내뱉으며 부모에 대한 아이의 가장 솔직한 감정을 부정하기도 한다.

**나는 부모가 자신을 사랑하지 않는다는 걸 알면서도 평생 그 거짓말을 폭로할 수 없는 아이가 제일 가엾다고 생각한다.** 아이들은 부모가 자신을 사랑하지 않는다는 걸 잘 안다. 적어도 부모가 말로 표현하는 만큼 자신을 사랑하지는 않는다는 걸 알고 있다. 그럼에도 불구하고 아이는 부모를 사랑하는 마음, 부모와 좋은 관계를 유지하고 싶은 바람 때문에 어쩔 수 없이 연극에 동참한다.

실제로 아이는 자신이 가장 간절히 바라는 것을 얻지 못해 수없이 낙심한다. 하지만 부모의 장단에 맞춰 이미 그것을 얻었고 그래서 감사하며 만족하는 모습을 연기해야 한다. 아이가 처한 상황과 현실의 괴리는 자신을 향해 내리꽂는 비수처럼 말로 표현할 수도, 남에게 털어놓을 수도 없는 고통을 준다.

부모가 자신을 사랑하지 않는다는 사실을 알면서도 부모에게 사랑받는 척, 진심으로 만족하는 척 연기하는 것은 비단 부모의 환심을 사기 위해서만이 아니다. "부모님이 날 사랑하지 않는 것 같다"라는 말을 입 밖에 꺼내는 순간 부정당하고 비난받을 것이 뻔하기 때문이다. '모든 부모는 자식을 사랑한다', '이 세상에 자식을 사랑하지 않는 부모는 없다' 남들은 항상 이런 사회적 미신에 따라 아이의 생각과 감정을 쉽게 부정하며

"그렇게 말하면 안 돼. 부모님은 널 사랑하셔", "부모님이 네가 말하는 그런 사람들은 아닌 것 같은데", "부모님이 널 사랑한다는 말을 믿어야 해"라는 반응을 보인다.

하지만 '사랑'에 있어서 어떻게 다른 사람의 의견이 중요할 수 있겠는가? 정말 사랑받았다면, 철없을 때는 부모의 고생을 이해하지 못한다 치더라도 철들고 나서는 자신을 대하는 부모의 태도에 애정이 담겼는지 정도는 느낄 수 있다. 더군다나 아이 본인보다 부모에게 사랑받기를 원하는 사람은 없다.

부모가 진심으로 자신을 사랑하는지 아닌지 판단할 수 있고 부모가 말로만 사랑한다면서 목적을 위해 사랑하는 척 연기한다는 걸 눈치챈 아이들은, 매번 자신이 피부로 느끼는 실상을 사람들에게 부정당하기 때문에 더 깊은 상처와 외로움을 홀로 감당할 수밖에 없다. 어렸을 때든 성인이 되어서든 자녀가 "부모님이 날 사랑하지 않는 것 같아요"라는 말을 꺼내기만 하면 "아니야, 그렇게 생각하지 마", "네가 너무 생각이 많아서 그래", "자기 자식을 사랑하지 않는 사람이 어디 있어!", "부모님은 분명히 널 사랑하셔" 등의 반응만 돌아온다. 이렇게 말하는 이유는 아이를 안심시키기 위해서일까, 아니면 자기 마음이 편하기 위해서일까? 자녀를 사랑하지 않는 부모가 있다는 말을 듣기는 했는데 그런 부모가 지인이면 마음이 불편할 수 있으니 그 일을 덮어놓고 부정하고 싶은 것 아닐까?

자녀가 '부모님이 날 사랑하지 않는다'라고 말하는 건 부모의 흠을 보려는 의도가 아니라 자신의 외로움을 이해받고 싶어서일 뿐이다. **사랑받아야 할 가정에서 사랑받지 못한 슬픔을 경험하고** 자신이 무슨 잘못을 해서 사랑을 못 받는지 몰라 답답한 심정을 누군가 알아주기를 바라며 말한 것뿐이다. 그 말을 듣는 사람이 누구인지도 딱히 중요하지 않다. 비판적인 시선을 걷어내고 경청하며 자신이 나쁘다거나 생각이 꼬여 있다고 말하지 않는 사람이 한 명이라도 있다면 아이는 마음의 상처를 치유할 수 있다.

우리는 부모가 나를 사랑하지 않는다고 말하는 아이들을 지나치게 오해한다. 아이는 철이 없고 부모가 원하는 걸 들어주지 않으면 불평한다는 선입견이 있다. 그러면서 끝없이 욕심부리며 아무리 사랑해주고 물질적인 욕구를 채워줘도 만족할 줄 모르는 자녀를 위해 어떠한 고생도 마다하지 않는 부모를 상상한다.

하지만 이는 부모와 자식의 관계, 가정에 대한 우리의 상상일 뿐 보편적인 진실은 아니다. **후회하거나 원망하지 않고 기꺼이 희생하는 부모가 모든 사람에게 주어지는 것은 아니다.** 부모가 나를 사랑하지 않는다는 자녀의 불평이 백 퍼센트 유치함에서 비롯하지도 않는다. 오히려 반대로 이 세상에는 진심으로 부모가 원하는 바를 들어주려고 하는 아이와 얼마를 얻든 항상 부족하다고 느끼는 부모가 더 많다.

이런 부모들은 자녀가 지금보다 더 나아질 수 있다고 여기며 자녀의 행동이 성에 안 차 불만을 늘어놓기 바쁘다. 아이를 낳고 기르는 데 들인 자신의 노력이 제대로 보상받지 못한다고 생각하는 것이다. 어린 자녀가 다 큰 어른처럼 가정에서 부모의 걱정과 부담을 덜어주기를 무의식적으로 기대하는 부모도 있다.

이른바 '사회적 미신'이란, 사실이 아닌데도 사회적으로 대다수가 옳다고 믿는 견해를 사회적 현실처럼 받아들이는 것이다. 나는 '부모는 다 자기 자식을 사랑한다', '부모의 사랑은 무조건적이며 가장 위대하다', '부모는 언제나 자식을 위해 기꺼이 희생한다'라는 이런 말들이 일종의 사회적 미신에서 비롯했다고 생각한다. 물론 무조건적으로 자식을 위해 희생하는 부모도 있지만, 그럴 생각도 없고 그렇게 할 의지와 능력도 없는 부모도 엄연히 존재한다.

이런 미신들은 진실을 보지 못하게 우리 눈을 가린다. 사실 아이가 생겨도 여전히 본인 위주로 자기가 원하는 바를 자녀가 들어주길 바라며, 남에게 드러내지 않는 자신의 이기적인 면을 아이에게 무조건 받아들이라고 요구하는 사람이 많다. 이런 사람들에게 "내가 네 부모야"라는 말은 부모라는 숭고한 신분, 사회가 부여한 신성불가침의 권한, 앞으로 아이한테 얻어낼 수 있는 보상이야말로 그들이 부모가 된 진정한 목적이라는 사실을 보여준다.

모든 부모가 자식을 사랑한다는 말은 일종의 가설에 불과하다. 사랑할 능력이 없는 사람도 사랑할 수 없는 부모가 될 수 있다. 이런 부모를 둔 아이는 자기 부모가 남들과 다르다는 걸 느낀다. 하지만 사람들은 대부분 '모든 부모가 자식을 사랑한다'는 미신에 사로잡혀 있기 때문에 아이들은 자신의 솔직한 감정과 생각을 말하지 못하고 입을 다물 수밖에 없다. 심지어 스스로를 부정하며 부모의 사랑을 느끼지 못하고 의심하는 자신을 책망하기에 이른다.

# 진실한 사랑은
# 보살피고 책임지며
# 존중하고 이해하는 것이다

에리히 프롬은 『사랑의 기술』에서 이렇게 말했다. "사랑은 창조, 학습, 실천해야 하는 일종의 예술이다. 사실 사랑은 보살핌, 책임, 존중, 이해 등 네 가지 요소로 구성된다." 사랑을 논할 때 사랑과 연모를 똑같이 취급하거나 사랑을 단순히 생물학적 본능에 기반한 환각일 뿐이라고 여기는 견해가 많다. 이런 식으로 사랑을 정의하고 이해하는 방식이 사람들에게 제법 위안이 되는 모양이다. 사랑이 연모에 불과하다는 생각은 어떤 상황을 낭만적이라고 하는지, 어떤 이야기가 사람의 마음을 흔드는지와 관련해 어렸을 때부터 받은 암시와 관련이 있다. 하지만 사랑이 연모에 불과하다고 인정하면 그 감정은 피상적이고 유지할 수 없는 것이 되어버린다.

사랑이 단순히 생물학적 본능, 성행위에 기초한 상호 이끌림이라면 어떨까. 사랑하는 사이에서 일어나는 일들을 보면 생물학적으로 설명할 수 없는 경우가 그 반대의 경우보다 훨씬 많다는 걸 알게 된다. 그래서 나는 사랑과 관련해 에리히 프롬의 견해를 제일 좋아한다. 어려서부터 이런 게 사랑임을 깨닫고 직접 경험하면서 배웠다면 헤매지 않고 사랑을 아는 어른으로 성장했으리라.

에리히 프롬의 정의를 빌려 말하자면, 아이가 성장하는 동안 사랑의 네 가지 요소 중 보살피고 책임지기만 하는 부모가 대다수다. 부모에게는 자녀를 보살펴야 할 의무가 있고 이 의무를 회피하거나 포기하지 않을 책임이 있다. 이 두 가지가 얼마나 고된지는 부정할 수도 없고 인정해야 한다. 경쟁의 압박도 심하고 혼자 살아남기 버거운 이런 사회에서 자녀를 보살피고 책임지는 일은 결코 쉽지 않다.

그럼에도 불구하고 에리히 프롬이 말한 대로 사랑은 '보살핌, 책임, 존중, 이해', 이 네 가지 조건이 모두 필요하며 어느 하나라도 빠지면 사랑이라고 할 수 없다. 사랑은 수동적으로 기다리는 것도 아니고, 손에 넣기만 하면 저절로 만족하고 동경하게 되는 것도 아니다. 신중에 신중을 기하고 무진장 노력해야만 이룰 수 있는 목표다. 누군가를 사랑한다는 건 그 사람을 보살피고 책임지며 존중하고 이해하기 위해 노력한다는 뜻이다.

그런데 보살피고 책임지기만 할 뿐 자기 자식을 존중하거나 이해하려고 하지 않는 부모가 있다. 이런 부모는 마땅히 사랑이 존재해야 할 관계에 늘 뭔가 빠진 듯한 느낌을 준다. 한 친구가 친모에게 이런 말을 들었다. "네가 불평할 게 뭐 있어? 널 보육원에 보내지 않은 것만 해도 감지덕지해야지." 그러면서 남들한테는 제일 사랑하는 딸이라며 자신을 소개하고 다닌다고 했다.

부모에게 비슷한 질문을 받은 사람도 있다. "널 이만큼 키워주고 길러준 건 사랑 아니니? 도대체 뭐가 아직도 불만인데?" 부모의 사랑을 의심했다는 이유로 자녀가 죄책감을 느끼게 하는 발언이다.

부모는 아이 하나를 보살피고 키우는 것만 해도 힘들어 죽겠는데, 그런 의무의 대상이자 자식이 (무슨 자격으로) 불평불만을 말하고 자신이 느낀 건 사랑이 아니라고 말할 수 있느냐고 생각하기도 한다. 아이에게 "이럴 줄 알았으면 널 보육원에 보내는 건데"라고 말하는 엄마도 에초에 아이를 진짜 보육원에 보냈다면 지금쯤 얼마나 홀가분할지를 상상했을 게 분명하다. 보살핌과 책임을 다했기 때문에 이미 사랑을 줄 만큼 줬다고 생각하는 것이다. 그런데 에리히 프롬이 말한 것처럼 사랑은 네 가지 조건 중 어느 하나라도 빠지면 안 된다. '보살핌'과 '책임'에 대해 부모에게 감사해야 하는 건 맞지만, '존중'과 '이해'가 결여된 '보살핌'과 '책임'은 아이에게 그에 상응하는 대가를 줘야 하는 족쇄나 다름없다.

나는 사람들이 왜 그렇게 자식 키우는 일을 대단하게 생각하고 배 안 곯게 키워주는 게 사랑의 전부라고 여기는지 모르겠다. 보살피고 책임지는 일 자체는 아무 문제가 없다. 하지만 보금자리와 음식을 마련해주는 걸 사랑의 표현이라고 하지는 않는다. 반려동물한테도 그렇게 말하지는 않는다.

제 자식을 사랑한다고 떠벌리는 부모가 밑도 끝도 없이 자녀에게 성질부리며 몸과 마음에 상처를 입힐 때가 있다. 설마 평소에 자녀를 보살피고 책임진 일과 이런 행동을 등가 교환하고 '공과功過 상쇄'할 수 있다고 생각한 걸까? '그동안 내가 너를 보살펴줬으니 너는 내 마음대로 해도 된다'는 식의 이런 **존중과 이해가 결여**된 사고방식에서 벗어나지 않으면 **보살핌의 의무를 다했더라도 부모 자식 관계는 사람과 사물의 관계에 더 가깝다.** 보살핌의 대상인 아이를 사람이 아니라 소유하고 통제하며 함부로 대해도 되는 사물로 간주하는 것이다.

부모에게 소유물처럼 취급당하면 자녀는 인간으로서 개체성과 존재 가치를 상실한다. 보살핌이 사랑이기는 해도 사랑의 전부는 아니며, 보살핌만으로는 존중과 이해를 충분히 받지 못한다고 느끼는 아이의 결핍을 메울 수 없다. 자녀가 존중이나 이해를 받지 못하고 부모가 그들을 이해하려는 마음조차 없는 상황에서 자녀가 순순히 따라주기만을 바라는 관계는 오히려 사랑받는 쪽을 고통스럽게 한다.

'부모라면 자기 자식을 사랑할 수밖에 없다'라는 말은 부모뿐만 아니라 아이도 철석같이 믿는다. 하지만 에리히 프롬이 말한 것처럼 현대인은 사랑을 많이 오해한다. 진정한 사랑을 실천하기보다 머리로만 생각하고 자신에게 사랑의 본능이 있다는 착각에 빠지는 것이다. 사람들은 흔히 '자기 자식이면 태어나는 순간부터 사랑하게 되어 있다'라고 말하지만, 이는 사랑에 대해 깊이 생각하고 창의력을 발휘해 발전시키거나 노력할 필요가 없다는 말처럼 들린다.

그런 본능적인 사랑은 일종의 환상과 같다. 사랑은 이미 주어진 것이고 우리는 그 사랑을 일깨울 촉매제만 찾으면 된다는 논리다. 연애할 때 '나와 맞는 사람', '운명의 상대'를 찾기만 하면 모든 일이 일사천리로 진행된다고 여기는 것이다. 이 논리에 따르면 현대인은 어려움에 부닥치거나 누군가를 사랑하는 일이 얼마나 자기 모순적이고 힘든 건지 깨달았을 때, 누군가를 사랑하는 자신의 능력에 대해서는 반성하지 않는다. 그 대신 아예 그 관계를 무너뜨리며 이게 다 그 사람이 잘못해서, 그 사람이 내 '운명의 상대'가 아니라서 생긴 일이라고 단정한다.

현대인은 '사랑은 연습할 필요 없이 그냥 할 수 있고, 이미 주어진 것이다'라는 '본능론'을 믿으며 부모가 자녀를 대하는 태도에도 동일하게 적용한다. 부모는 자녀를 보살피고 부모로서 해야 할 책임을 다한다. 그런데 사랑이 본능이라는 환상에서 벗어나지 못하면 연습하고 노력해야 하는 부분, 즉 자기 자식을 존중하고 이해하며 개체성이 서로 충돌할 때도 여전히 사랑하려고 노력해야 한다는 사실은 무시된다.

부모는 타고난 사랑을 믿고 아이도 자신이 사랑에서 비롯했다고 믿는다. 하지만 존중받지 못하고 상대방이 나를 이해하려고 노력한다는 느낌을 받지 못하면 보살핌과 책임은 조건부 거래에 더 가깝다. '지금 받은 것을 언젠가는 돌려줘야 한다.' 상대방에게 마음의 빚을 지우는 이런 생각은 사랑받았을 때 생기는 안전감과 자신감을 줄 수 없다. 부모가 자식에게 세상을 살아갈 능력을 키워주는 건 육체적인 보살핌에 지나지 않으며, 이것만으로는 건강한 심리 상태를 유지할 수 없다. 자녀가 심리적으로도 사랑받는다고 느끼려면 부모에게 존중과 이해를 받아야 한다. 하지만 어떤 부모는 자신을 존중하라고 자녀에게 일방적으로 요구하거나 존중이라는 이름으로 자녀의 복종과 감사를 강요한다. 본인은 한 번도 자녀를 평등한 개체로 대한 적이 없으면서 말이다.

존중하고 이해할 마음이 없기에 자녀의 생각을 이해하기

보다 자아가 생긴 후로 부모에게 반항하고 웃어른을 공경할 줄 모른다는 꼬리표를 붙여 쉽게 자녀를 부정해버리는 부모가 많다. 자녀가 본인의 기대에 부응하기만을 바라고 그들의 자아 형성을 거부하는 부모는 아이와 상호 존중하는 평등한 관계를 수립할 수 없다. 자기 생각과 감정은 중요하지 않고 부모의 의견만 중요하다는 식으로 상황이 전개되면 자녀는 부모의 사랑이 진실하다고 느끼기 어렵다.

나는 사랑받지 못하는 자녀들이 느끼는 의구심, 다시 말해 그들이 부모가 공언하는 사랑을 받아도 항상 부족하다고 느끼는 이유는 사랑이 원래 안전감과 자신감을 줄 수 없는 것이기 때문이라고 생각했다. 하지만 이제는 에리히 프롬 덕분에 이를 명확하게 설명할 수 있는 개념적 도구가 생겼다. 단순히 보살피고 책임지기만 하는 사랑은 사랑이 아니다. 진정한 사랑은 반드시 존중과 이해가 필요하다.

# 사랑과 관련해 중요한 것은
# 겉모양이 아니라 진실이다

아이는 부모의 연약함을 받아들일 수 있다. 따라서 아이에게 전지전능한 모습을 보여줄 필요는 없다. 아이가 받아들일 수 없는 건, 부모가 본인의 연약함 때문에 자식을 이용하고 다치게 하는 것이다. 사업, 결혼, 가정 등 어떤 문제 때문이든 부모가 밥해주거나 같이 놀아줄 시간도 없고 물질적으로 넉넉하게 해줄 수 없어도 자녀는 다 이해할 수 있다.

아이의 이해력을 과소평가하는 사람이 많은데 사실 아이는 반 어른이나 다름없다. 어릴 때는 짜증도 내고 인내심도 부족할 수 있다. 하지만 부모가 한결같은 모습으로 자신을 존중하고 자기 기분과 행복을 신경 써주기만 하면, 설령 그 과정에서 부모의 능력이 못 미치는 부분이 있다고 할지라도 철이 들면서 아이는 인생을 살다 보면 어쩔 수 없는 부분이 있게 마련이라고 깨닫는다.

그런데 부모가 자신의 연약함을 숨기고 회피하려는 마음 때문에 아이의 기분을 대놓고 무시하거나 상처를 주면 상황은 달라진다. 어떤 사람들은 감정 기복이 심한 배우자를 상대하기 싫다는 이유로 결혼 생활에서 본인이 져야 할 책임을 자식에게 전가하고, 배우자와 직접 소통하는 대신 중간에서 아이가 말을 전하게 한다. 어떤 부부는 다투고 나서 난장판이 된 방을 치우기 싫어서 '방이 이 모양 이 꼴이 됐는데도 치울 생각을 안 한다'며 애꿎은 아이를 나무란다. 다퉜다 하면 인사불성이 되도록 술을 마시는 배우자를 매번 아이에게 맡기고 네 아빠(엄마) 챙기라며 집을 나가버리는 사람도 있다. 자녀 입장에서는 고통스러워하는 부모를 보며 아픔에 공감하고 도와주고 싶어서 시키는 대로 주저 없이 행동하지만, 부모가 책임을 전가한다는 사실은 알지 못한다.

이런 부모들은 나와의 갈등으로 인해 상대방이 술을 마시고 화가 나서 욕을 퍼붓는 모습을 보며 괴로워한다. 결혼 생활에서 해결하기 힘든 문제들을 회피하려고 본인은 도망치면서 모든 상황을 철든 자녀에게 떠넘기는 것이다. 억지로 집에 남겨져 모든 상황을 지켜본 아이는 괴롭거나 고통스럽지 않을까? 자녀의 기분을 조금이라도 헤아려봤다면 그렇게 해선 안 된다고 생각했으리라. 하지만 자신의 연약함을 이유로 본인이 하기 싫은 일을 자녀에게 떠넘긴 것이다.

자녀를 이용해 힘든 삶의 문제를 회피해본 적이 있는 사람이라면 어느새 습관처럼 그 방법을 쓰고 있을 게 틀림없다. 특히 자녀가 어릴 때는 자신에게 이런 의무를 전가하는 부모의 행동이 잘못되었고 이런 식의 책임 전가는 거절해야 한다고 판단할 수 없기 때문이다. 부모를 사랑하는 본능 때문에 그들은 부모를 위해 무엇이든 하려고 한다. 부모가 요구하면 어떻게든 들어주려고 하는 이유가 바로 여기에 있다. 부모 중 한쪽이 강박 행동을 보이는 배우자를 대신 보살피라고 맡기든, 아니면 부모가 냉전 중일 때 중간에서 앵무새처럼 말을 전하게 하든 상관없이 말이다. 나중에 부모는 자신과 배우자보다 더 침착하고 불평불만 없이 이런 성가신 일을 맡아줄 사람이 집에 존재한다는 것이 얼마나 좋은 일인지 깨닫게 된다.

자녀는 그 나이 먹도록 아직까지 다투고 술 마시며 행패 부리느냐고 야단치는 연장자와 다르다. 친구와도 다르다. 아무리 좋은 친구라도 결국에는 남이다. 자존심 때문에 사람은 결혼 생활의 실상, 부부 싸움, 사업 실패로 의기소침한 모습을 남에게 들키고 싶어 하지 않는다.

그런데 자녀는 그렇지 않다. 부모라는 역할이 있어서 아무리 이성을 잃어도 자녀에게 한소리를 듣거나 그렇게 하면 안 된다고 지적받을까 봐 걱정할 필요가 없다. 실제로 자녀에게 한소리를 들어도 "내가 네 아빠(엄마)야!"라며 권위를 내세우면 그만이다. 자녀가 남들처럼 자신의 볼썽사나운 꼴을 안줏거리 삼거나 퍼뜨려 친구들 사이에서 난처해질까 봐 염려할 필요도 없다. 자녀는 기꺼이 도와주고 경청하며 집에서 일어난 일에 대해서는 입을 다물어야 한다는 걸 직감적으로 알아차린다. 스스로 무기력할 때 자녀보다 더 이용하기 좋은 대상이 또 있을까? 자녀에게 내가 가장 '사랑받지 못한다'고 느끼게 하는 존재는 필요할 때는 이용하고 자신의 심정은 전혀 헤아리지 않는 부모다.

이혼하면 아이에게 완전한 가정을 빼앗는 것 같아 걱정된다거나, 일이 바빠서 제 손으로 밥을 해 먹이지 못해 아이에게 미안하다는 부모를 인터넷에서 심심찮게 볼 수 있다. 그런데 나는 이들에게 마음을 좀 느긋하게 먹어도 된다고, 당신들이 말한 일들은 그렇게까지 신경 쓸 필요가 없다고 말해주고 싶다. 자녀는 외재적·물질적으로 부족한 부분은 받아들일 수 있다. 심지어 그 부족함을 자기기 성장하고 발전할 수 있는 자양분으로 삼을 능력도 충분하다. 자녀가 용납할 수 없고 그들의 성장과 자아 발달에 걸림돌이 되는 것은 그런 외재적인 조건이 아니라 내재적인 조건의 결핍, 즉 부모가 진심으로 자신을 사랑하지 않는 것이다.

아이가 최대한 상처받지 않고 외롭지 않게, 편부모 가정이라고 무시당하지 않게 노력한다는 데 부모가 동의한다고 하자. 그러면 설령 이혼한다고 하더라도 부부가 억지로 같이 살면서 겉으로는 아무 문제가 없어 보이지만 속은 일촉즉발의 긴장 상태로 자녀의 감정은 돌보기 힘든 상황보다 훨씬 낫다. 일이 바빠서 직접 밥을 해 먹일 수 없더라도, 밖에서 사 온 도시락을 자녀와 함께 먹으며 "같이 밥 먹으니까 좋다"라고 마음을 표현하고 웃을 수 있으면 부모가 나와의 식사를 좋아한다고 느껴서 자녀의 긴장도 저절로 풀릴 것이다.

**남들이 가정의 행복 여부를 판단하는 외재적인 기준이 되는 일들보다 부모의 심정, 진심으로 아이를 신경 쓰고 사랑하는지가 훨씬 중요하다.** 사랑에 관해 중요한 건 언제나 진실이지 형식이 아니다. 지나치게 형식에 집착하며 겉보기에 완전한 가정, 그리고 부모라고 부를 수 있는 사람과 아이가 함께 살 수 있어야 한다고 고집하는 사람들이 있다. 이런 사람들은 혼인 관계에 문제가 생겨도 이혼하지 않고 버티면서 자녀에게는 부모의 살얼음판 같은 결혼 생활로 더 많은 부담을 지운다.

형식은 내면을 보장할 수 없다. 아버지가 있다고 해서 반드시 아버지의 사랑을 받는 것도 아니고, 어머니가 있다고 해서 꼭 어머니의 사랑을 받는 것도 아니다. 각각의 역할을 맡을 사람이 있어야 한다며 고집부리는 행동은 소꿉놀이를 하는 것과 같으며 정상적으로 돌아가는 가정을 보장할 수 없다. 실제로 아이의 성장에 이롭고 가족끼리 서로 배려하며 존중하는 일은 인원수, 역할 명칭과는 무관할 때가 많다. 아이든 성인이든 사람이 살아가면서 행복을 느끼려면 진실한 사랑이 필요하다. 겉보기에만 아름다운 것은 연말연시에 볼 수 있는 광고처럼 고정 관념에 부합하는 형식에 불과하다.

어떤 사람은 본질보다 형식을 더 추구하고 아이에게 눈에 보이는 물건을 주고 싶어 한다. 눈에 보이는 것들을 지나치게 추구한 나머지 눈에 보이지 않는 것, 아이가 진심으로 바라는 것에는 인색하게 굴며 아이의 마음을 보살필 의지도 능력도 없는 것이다. 이런 푸대접을 받는 아이는 부모의 고집을 알면서도 자신의 내적 공허함을 남에게 털어놓기 힘들다. 그저 부모의 연극에 맞장구쳐야 하는 부담감을 묵묵히 견디며 억지로 만족스러운 척할 수밖에 없다. 아이는 표현력이 썩 좋지 않기 때문이다. 어쩌면 개성이나 타고난 성향 때문에 성인이 되어서도 세밀하게 감정을 설명할 수 있는 능력을 기르지 못해 그럴 수도 있다. 하지만 모든 사람은 태어나면서부터 본능적으로 진실한 사랑을 갈망하고 자신을 보살펴주는 사람을 경건하다 싶을 정도로 진지하게 사랑한다.

어디가 문제인지 말하지는 못하더라도 어딘가 잘못된 듯

한 느낌은 받을 수 있다. 말끝마다 자식을 사랑한다고 말하는 부모도 행동으로는 아이에게 자기가 사랑받고 있다는 확신을 주지 못한다. 진실이 아닌 형식을 지나치게 추구하는 것은 제대로 된 관심도 못 받으면서 연극에 동참해야 하는 아이의 고통을 가중할 뿐이다.

# 아이로 인해
# 더 나은 사람이 되는 과정은
# 자동화 시스템이 아니다

'부모도 사람'이라는 말은 아이가 부모의 잘못을 받아들이고 부모를 이상화하지 않기를 바랄 때 사용된다. 부모의 마음이 좀 가벼워지길 바랄 때, 부모가 스스로 완벽한 사람이 되기를 요구하며 지나친 부담감을 느끼지 않기를 바랄 때 자주 쓰이는 말이기도 하다. 둘 다 용례가 적절하다. 나도 그런 상황에서는 그렇게 말한다.

그런데 이 당연한 말에는 언급되지 않거나 의도적으로 무시된 측면이 있다. 부모도 사람이니까 타인과 잘 지내지 못하고, 심지어 다른 사람을 공격하거나 다치게 할 수 있다는 의미가 내포된 것이다. 사람이라면 누구나 약점과 결함이 있듯이 부모도 마찬가지다. 사람들은 성격이나 인품에 문제가 있는 이도 자기 자식을 대할 때만큼은 훌륭한 인성을 보여준다고 믿으며 그러하기를 바란다. 실제로 그렇게 될 수도 있지만 뜻대로 되지 않을 가능성도 크다.

세상에는 수많은 사람이 있는 만큼 약점과 결함도 수만 가지다. 허영에 찬 사람은 부모가 되어서도 여전히 허영으로 가득하다. 경쟁심이 강하고 남을 이기는 걸 인생 최대의 목표로 삼는 사람은 아이가 생긴 후에도 모든 일을 경쟁으로 바라보며 아이를 남과 싸워 이기는 도구로 생각한다. 그래서 아이에게도 남을 이기고 승리의 기쁨을 함께 나누기를 요구한다.

우리는 약점이 있는 사람도 일단 부모가 되면 자식에 대한 사랑과 아이의 행복을 바라는 마음이 더 커서 생각을 고쳐먹고 그 약점을 극복할 능력이 생긴다고 믿는다. 실제로 아이 덕분에 더 나은 사람이 되기도 하지만, 그렇다고 백 퍼센트 다른 사람이 되는 것은 아니다. 심지어 자기 뜻을 이루기 위해 연약한 아이를 도구 삼아 약점을 악화시키고 더 광범위하게 나쁜 영향을 끼치는 사람도 있다.

우리는 왜 영화에서처럼 아무리 극악무도한 사람도 자기 자식을 대할 때만큼은 아이를 걱정하며 완전히 딴사람이 된다고 가정할까? 이런 일이 불가능하다고 말하려는 것이 아니다. 다만 영화 속 캐릭터가 보통 사람이라면 하기 힘든 수준의 악행을 저지르기 때문에 가족에 대한 그들의 사랑이 더 특별해 보이고 '제아무리 흉악한 사람도 가족은 해치지 않는다'며 사람들을 감탄하게 만드는지도 모른다. 이와 달리 일반인의 겉으로 드러내기 힘든 결점이나 편협한 가치관은 사람들의 시선을 끌지 못한다. 그래서 누구든 부모가 되면 개과천선한다고 가정할 때, 부모의 편협한 가치관 때문에 고통받는 아이들이 있다는 사실을 간과하기 쉽다.

**아이가 생겨서 더 나은 사람이 되고 안 되고는 대부분 개인의 자각 여부에 달려 있다.** 문제를 자각하지 못하고 자기에 대해 잘 모르는 사람은 무의식중에 자신의 결점에 영향을 받아 생각하고 행동한다. 아이가 생기면 그 영향을 받는 대상이 아이로 확대되는 것뿐이다. 허영심을 가진 사람이 아이가 생겼다고 해서 자신을 과시하고 다른 사람의 부러움을 사고 싶은 마음을 내려놓을 수 있을까? 이는 본인의 허영심을 어느 정도 자각하고 있어야 가능하다.

하지만 그렇게 자각하기란 매우 어렵다. 사람은 언제나 나에게 잘못이나 문제가 없다고 생각하고 다른 사람의 솔직한 비평과 지적을 잘 받아들이지 못하기 때문이다. 허영심을 내려놓으려면 외부의 평가에 지나치게 신경 쓰고 피상적인 것을 추구하느라 나와 주변 사람을 괴롭히는 자신의 행동을 반성하며 변화를 다짐하는 일이 먼저다. 그래야 허영심으로 상념이 떠오를 때마다 표면적인 평가에 휘둘리지 말라고 스스로 마음을 다잡을 수 있다. 내가 잘 살고 내 마음이 편안한 것이 최우선이다. 내가 잘 살고 내 마음이 편안하면 타인과 비교해야만 만족할 수 있는 허영심은 금방 사라진다. 사람이 모든 순간, 모든 일에서 남을 이길 순 없기 때문이다.

그런데 내가 하는 일의 대부분이 허영심에서 비롯한다는 사실을 깨닫지 못하는 사람은 어떻게 자식을 대할까? 우리는 부모의 체면 때문에 고생하는 성인 자녀의 이야기를 자주 듣는다. 결혼할 때 피로연은 감당하기 힘든 비싼 연회장에서 해야 하고, 격식을 차리려면 어느 정도 돈을 써야 한다고 성화다. 누구는 자식과 해외여행을 다녀왔다고 자랑하는데 자기도 질 수 없다는 식이다. 자식에게 그만한 여력이 있는지와 무관하게 남들이 했으니 나도 해야 한다는 부모 눈에는 자신을 만족시키지 못하는 자녀가 무능해 보일 뿐이다. "이만큼 키워줬는데 아무짝에도 쓸모없네." 다른 사람에게 선망의 대상이 되려는 욕망이 자식에 대한 진심 어린 관심을 능가하는 것이다.

젊은 부모들도 서로 자식을 비교한다. 자녀의 성적이 좋으면 부모 어깨에 힘이 들어간다. 반면 성적이 뒤처지거나 딱히 내세울 만한 재주가 없는 자녀를 둔 부모는 체면이 깎인다고 생각한다. 그래서 남들만큼 혹은 그 이상으로 잘할 때까지 노력하라며 자녀를 들들 볶는다. 설령 평범한 자녀라도 온갖 회

유와 협박으로 남들에게 내세울 만한 학교에 합격시키기 위해 기를 쓴다. 임신 9개월 때는 아이가 건강하고 평안하기만을 바랐지만, 자라나는(커가는) 아이를 통해 자신의 욕구를 채우려는 부모가 얼마나 많은가. 아이가 행복해하는 모습을 보는 게 부모의 가장 큰 행복이어야 한다는 사실을 망각한 사람처럼 말이다.

"평생에 한 번뿐인 결혼식인데 당연히 성대하게 치러야지", "널 위해서 좋은 학교 가라는 거야", "나중에 나한테 이 직업을 선택하게 해줘서 고맙다고 할 거야" 등 자신의 허영심을 포장하는 말들이 많다. 사실이기도 하고, 말이 되는 부분도 있으리라. 하지만 항상 도가 지나친 사람들이 문제다. 이들은 본인이 괜찮다고 여기는 일을 하라고 자녀를 다그치는 것으로도 모자라 아이가 자신의 허영심을 만족시킬 수 없다는 사실을 받아들이지 못한다.

물론 사람에게는 여러 복잡한 동기가 있게 마련이다. 아이에게 뭔가를 바라고 아이의 미래에 희망을 걸면서 이기적인 요소가 눈곱만큼도 없다고 말할 수 있는 사람은 아마 없을 것이다. 나도 아이가 한 일이 내 기대와 딱 맞아떨어지고 어디 가서 자랑스럽게 이야기할 수 있으면 그런 상태가 쭉 이어지기를 바랄 것 같다.

하지만 기대치가 어느 정도에 다다랐는데도 그 이상을 요구하면 그건 자기 욕심이지 자식을 위해서라고 말할 수 없다는 사실을 부모가 깨달아야 한다. 화려한 결혼식 비용을 감당할 여력도 없고 딱히 본인이 그런 결혼식을 바라지도 않는다면, 자녀는 자신이 할 수 없는 일 때문에 결혼식 참석을 거부하고 심지어 결혼 자체를 부정하는 부모의 저항을 언제까지 참고 견뎌야 할까? TV 드라마에나 나올 법한 이런 일들이 실제로 우리 생활 곳곳에서 벌어지고 있다. '자녀의 결혼식은 부모의 졸업식'이라는 생각으로 자녀에게 무리한 요구를 하곤 한다. 비용을 감당할 수 없는 자식에게 자기 욕망을 채우기 위해 빚을 내서라도 성대한 결혼식을 하게 만드는 부모들이여, 그러고도 떳떳하게 자식에 대한 요구가 순전히 선의에서 비롯했다고 말할 수 있겠는가?

우리는 자주 '부모도 사람'이라는 말로 자녀에게 부모의 결점을 받아들이라고 요구한다. 허영심은 흔한 결점 중 하나에 불과하다. 거짓말, 과장, 통제광, 나르시시즘, 과도한 의존, 질투, 무기력 등 다양한 인간 본성의 결점을 전부 없애기란 불가능하지만, 그렇다고 해서 부모의 결점 때문에 자녀가 고통받는다는 사실을 무시해서는 안 된다. **다른 관계와 마찬가지로 부모와 자식 관계에서 성인군자인 사람은 아무도 없기 때문에** 서로 포용하고 양보해야 한다.

그런데 쌍방향이 아니라 일방적인 포용이고 어느 한쪽만

떠맡아야 하거나 상대방의 결점 때문에 모든 대가를 혼자 부담해야 한다면 그 관계는 유지하기 어렵다. 설령 유지한다 해도 당하는 쪽은 감옥에 갇힌 기분이 들 것이다. 부모라면 모든 결점을 없애야 한다고 말하는 것이 아니다. 실제로 이 세상에 도덕적으로 완벽한 사람이나 이상적인 성인군자는 없다. 나는 그저 '부모도 사람'이라는 말을 들으면 '그래, 그래서 부모가 자녀에게 견디기 힘든 고통을 주고 마음의 그림자를 남길 수도 있는 거지'라고 생각할 뿐이다.

부모는 완벽한 존재가 아닌 만큼 자녀를 통제하겠다는 생각을 내려놓고 자신의 성격적 결함을 깨달아 고치려고 노력해야 한다. **자녀로 인해 더 나은 사람이 되는 과정은 자동화 시스템이 아니다. 의식적으로 노력하는 한편 자신의 연약함을 외면하지 않고 솔직하게 마주해야 한다.**

## 아이는 항상 부모에게 받은 상처를 치유하기도 전에 용서를 강요받는다

부모도 사람이며 연약하고 부족할 때가 있다. 물론 맞는 말이지만 나는 그런 말을 하는 시기와 상황 때문에 그 말이 직무를 유기한 부모를 위한 변명이라는 의구심을 떨칠 수 없다. 사람이니까 이상적이고 완벽하지 못한 부분이 있을 수밖에 없다며 아이에게 부모의 직무 유기나 잘못을 그대로 받아들이기를 요구해선 안 된다. 부모도 사람이라는 말이 틀린 것은 아니다. 하지만 과연 그 말로 부모에게 마땅히 받아야 할 존중과 애정을 받지 못한 아이들의 슬픔을 달랠 수 있을까? '완벽하지 않다'와 '올바르지 않다'는 전혀 다른 말이다. 아이는 부모가 완벽한 사람이기를 기대하지 않는다. 하지만 올바르지 않은 방식으로 자신을 대하면 누구든 상처받고 좌절할 수밖에 없다.

어른은 잘못된 태도와 동기로 자녀를 대하면서 자녀에게는 부모니까 무조건 받아들이라거나 끝없이 미화하라고 요구해서는 안 된다. 부모의 잘못된 행동 이면에는 분명히 사랑에서 비롯한 바른 동기가 있을 거라는 생각을 강요해서도 안 된다. 이는 아이가 어느 쪽이 사람을 대하는 올바른 방법인지 구분하기 어렵게 만들 뿐이다.

자녀는 부모의 홀대로 상처받았거나 성인이 되어 유년 시절의 그늘에서 벗어나고 싶기 때문에 이해와 도움을 구하고자 자신의 과거를 털어놓는 것이다. 그때 '부모도 사람이다'라는 제삼자의 말은 더 이상 잘잘못을 따지지 말고 부모를 좀 봐주라는 뜻이다. 하지만 자녀는 부모를 추궁하려고 속내를 드러내는 것이 아니다. 과거의 일은 입 밖으로 꺼낸다고 해서 바뀌지 않기 때문이다. 그들이 바꾸고자 하는 건 과거의 상처로 인해 지금까지 영향을 받는 자기 자신이다.

자신의 상처가 어디에서 비롯했는지, 도대체 어디가 계속 찌릿찌릿 아픈지 알고 싶을 뿐이다. 유년 시절의 상처는 잠복해 있다가 더 나은 인생을 살고 싶고 친밀한 관계를 발전시키고 싶은 희망을 무너뜨리기도 한다. 밖으로 끄집어내 이야기해야 하는 잘못들이 있다. 상처받은 사람이 스스로 감추거나 속이며 마치 상처가 없는 듯 행동하면 그 상처는 제대로 치유

될 수 없다.

'부모도 사람'이라는 말을 가장 잘 이해하는 사람은 자녀일 것이다. 어딘가 부족하고 동화나 그림책에서나 볼 법한 이상적인 엄마의 모습과는 전혀 다른 나를 아이가 얼마나 너그럽게 봐주고 있는지 부모인 나도 느낄 수 있다. 아이는 타고난 판단력으로 책이나 TV에 나오는, 앞치마를 두른 채 거의 집에서 24시간이 모자란 사람처럼 분주히 일하지만 자신을 대할 때는 평정심을 잃지 않고, 동화를 읽어주고 자주 데리고 놀러 나가는 그런 엄마가 현실에 존재하지 않는다는 것을 판단할 수 있다.

현실의 엄마에게도 하고 싶은 일이 있다. 하지만 그 일을 할 수 없을 때, 가끔 아이와 가정보다 자신의 바람을 뒷전에 두고 싶지 않은데도 책임감 때문에 어쩔 수 없이 그래야 한다고 느낄 때는 내적 갈등을 겪거나 불만이 생길 수 있다. 자식을 사랑하는 마음은 의심할 여지가 없다. 하지만 자식을 위해 자신을 내려놓는 모든 순간을 즐기거나 항상 그것을 영광스럽게 여기지는 못한다. 오히려 엄마가 되면서 독립적인 개체인 나 자신이 사라진 듯한 기분을 느낀다.

사랑은 모순으로 가득하다. 모성애는 자기 자신을 사랑하는 마음과 다른 사람을 사랑하는 마음 사이의 가장 치열한 몸부림이다. 엄마가 되기 전까지 부모나 연인에 대한 사랑만 경험한 나는, 한 사람을 위해 기꺼이 목숨까지 바칠 수 있는 이런 극한의 감정이 있으리라고는 상상하지 못했다. 자식에게 필요하다면 그렇게 해주고 싶다. 하지만 그렇다고 해서 모든 일상에서 항상 자식이 우선이고, 자식의 기쁨이 곧 나의 기쁨이 된다는 뜻은 아니다. 엄마 역할을 하느라 내가 하고 싶은 일이 가로막혀 실망하기도 하고, 자식과 사이가 안 좋을 때는 스스로 감정을 억누르기도 한다. 후회할 때도 있고 스스로 너무 과대평가해서 아이를 낳은 건 아닌지 의심할 때도 있다.

나는 평범한 사람이라 아이와 지내다 보면 서로 부딪치기도 하고 의도치 않게 상처를 주기도 하지만 이런 건 아이가 다 이해할 수 있다고 믿는다. 아이가 부모를 바라보는 시선은 부모가 아이를 바라보는 시선과 같다. '내 것'이 최고라는 생각에 헤어지기가 아쉬울 때도 있지만 가끔은 상대방과 함께 지내기가 너무 힘들어서 벗어나고 싶을 때도 있는 법이다. 상대방의 존재가 부담될 때도 있다. 세상에 완벽한 관계는 없지만 그게 진심으로 자식을 사랑하지 않는 부모가 있다는 사실을 가볍게 넘겨도 된다는 뜻은 아니다.

**'부모도 사람이다', 물론 맞는 말이다. 하지만 아이도 성인이나 성모 마리아가 아니라 마음이 연약한 사람이다. 아이에게 부모의 부당한 대우를 전부 감내하고 자신에게 가해지는 상처를 당연하게 여기라고 강요해선 안 된다.** 우리는 언제부터 '부모도 사람'이라는 말로 아이나 성인 자녀에게 부모한테 받은 상처 이야기가 나오면 바로 입을 다물고 하려던 말을 속으로 삼켜야 한다고 강요했을까? '부모도 사람'이기 때문에 과거의 상처를 다시 끄집어내서도 안 되고 현재의 상처마저 언급하지 말라고 한다. 이런 걸 보면 사람다운 대접을 받지 못하고 상처가 회복될 때까지 혼자 그 아픔을 감내해야 한다고 여겨지는 쪽은 자녀가 아닐까?

나는 이런 아이들이 느낄 외로움을 생각하면 가슴이 아프다. 성인이 되어 뒤늦게나마 그것이 부당한 대우였다는 걸 분별할 능력이 생겨 상처받은 경험을 말하고 싶어도 "다 컸는데 왜 이제 와서 예전 일을 들추느냐"라는 대답이 돌아오기 때문이다. 부모의 잘못을 너그럽게 감싸줄 줄 모르면 아직 제대로 된 어른이 되었다고 할 수 없다는 듯이 말이다.

자녀들은 아이일 때 아이처럼 굴도록 허락되지 않았다. 이치대로라면 부모가 있다는 건 본인보다 더 성숙하고 책임감 있는 어른에게 사랑과 보살핌을 받는다는 뜻이다. 하지만 아이들은 늘 자신을 마땅히 보호해야 하는 어른이 남긴 상처를 지닌 채 외롭게 성장하며 그늘을 견뎌왔다.

사람들은 언제쯤 다른 사람이 유년 시절의 아픔을 털어놓고 싶어 할 때 "부모를 용서하지 않는 사람"이라며 손가락질하지 않고 가만히 귀 기울여줄 수 있을까? 이 사회는 부모로부터 상처받은 아이에게 그 상처가 치유되기도 전에 서둘러 '용서'를 강요한다.

## "세상에 나쁜 부모는 없다"라는 말은 신앙이지 현실이 아니다

인터넷 라이브 방송에서 '세상에 나쁜 부모는 없다'라는 말이 틀린 것 같다고 말했다가 청중의 반발을 산 적이 있다. 물론 내 의견에 찬성하는 이와 반대하는 이 둘 다 있었다고 해야 맞겠지만, 내 라이브 방송의 시청자는 대부분 나와 같은 의견이기 때문에 반대하는 사람들이 사적으로 내게 메시지를 보낸 것이리라.

나는 사람들이 이런 의견을 들으면 쉽게 불안해한다는 사실을 알게 되었다. 세상에 나쁜 부모가 없다는 말이 객관적으로 백 퍼센트 옳아서 뒤집을 수 없다기보다는 신앙에 더 가까운 문제이다 보니 누군가 이의를 제기하면 안절부절못하는 사람이 생기는 것이다.

어떤 사람이 내게 이의를 제기했다. "세상에 자식을 사랑하지 않는 부모는 없습니다."

내가 말했다. "그럼 어린 자녀를 학대하고 해치며 팔아넘기는 부모는 어떻게 설명해야 할까요?"

"설령 그런 부모가 있다고 해도 극소수에 불과합니다."

"극소수라도 있는 거잖아요. 세상에 나쁜 부모는 없다는 말이 틀렸다는 증거 아니겠어요? '세상에 나쁜 부모는 없지만, 예외도 있다'라고 고쳐야 하지 않을까요?"

"아니죠. 그래도 '세상에 나쁜 부모는 없다'라고 해야 합니다."

대화는 빙빙 돌고 돌아 제자리로 돌아왔다. 생각해보면 결국 우리는 현실에서 일어나는 상황을 이야기했다기보다 각자의 신앙, 즉 자신이 무엇을 믿는지를 이야기했다고 보는 것이 맞으리라. '자식을 사랑하지 않는 부모가 있다고 해도 극소수에 불과하다'라는 말은 극소수라 논외로 하거나 아예 없는 셈 칠 수 있다는 뜻이다. 소수점 아래 숫자를 무조건 버리는 것처럼 말이다. 하지만 나는 아예 없는 것이 아니라면 '세상에 나쁜 부모는 없다'라고 단정할 수는 없다는 입장이다. 입에 붙지 않을 수도 있겠지만 '대다수 부모는 자식을 사랑한다', '대부분의 경우, 세상에 나쁜 부모는 없다'라고 바꿔야 한다.

이렇게 표현을 수정하고 덧대는 일은 매우 중요하다. 자식을 사랑하는 부모는 이런 흔한 말을 어떤 식으로 표현하든 상처받거나 부정하지 않으며 본인 스스로 다수에 속한다고 자신 있게 말한다. 그런데 보통 사람들이 볼 때 '극소수', '특이한 경우'에 속하는 부모와 자녀 관계에서는 이런 식으로 표현을 수정하고 보충하는 일이 '자녀'에게 일종의 구원이 될지도 모른다. 왜냐하면 자녀에게 악행을 저지르거나 자식을 사랑하지 않는 부모가 극소수라고 해도, 그들의 자녀가 감내하는 고통은 소수라서 진실로 받아들여지지 않는 경우가 많기 때문이다.

우리가 '세상에 나쁜 부모는 없다. 모든 부모는 자식을 사랑한다'라는 말을 믿을 때, 사실은 부모와의 관계에서 사랑을 느끼지 못하고 괴로워하는 자녀들도 그렇게 믿기 때문에 자신의 솔직한 감정을 필사적으로 부정한다. 자녀가 다른 사람에게 도움을 청하기가 더 어려워지는 이유가 여기에 있다. 부모는 절대 자식을 해치지 않는다는 입장을 지지하며 이를 전제로 이야기를 듣는 사람에게는 자녀의 말이 사실이 아니라 거짓말처럼 느껴진다.

다수로 소수를 거부하고 '거의 다루지 않아도 괜찮을' 만큼 극소수의 부모들만 자기 자식을 사랑하지 않는다고 인정하면 우리는 다음과 같은 사실을 놓칠 수 있다. 적은 비율이라도 기준수가 커지면 '극소수'라고 해도 그렇게 적다고 할 수 없다는 걸 말이다. 예를 들어 감정이 메마르고 자기 자식을 전혀 사랑하지 않는 사람이 오직 실리적인 목적으로 혹은 아무 생각 없이 아이를 낳는 경우가 1퍼센트, 즉 100명 중 한 명꼴이라고 가정해보자. 그 수가 1,000명이면 1퍼센트는 열 명이 된다. 이 열 명은 곧 열 가정이다. 전체에서 차지하는 비중이 작다고 해서 우리가 이 열 가정의 아이가 받는 고통을 무시하거나 덮어놓고 아니라고 부정할 수 있을까?

우리가 처음부터 모든 부모가 자식을 사랑하는 것도, 모든 부모에게 사랑하는 능력이 있는 것도 아니라는 사실을 인정한다면 어떨까? 자라면서 부모가 자신에게 준 것이 사랑이 아니었음을 깨닫더라도 그 자녀는 사회에서 자기가 있어야 할 자리를 찾을 수 있을 것이다.

'나 같은 사람이 또 있어. 소수이지, 아예 없는 건 아냐.' '부모가 날 사랑하지 않는다는 건 내 피해망상이 아니라 부인할 수 없는 사실이야.' 상처를 인정하는 행위는 우리가 상처에서 벗어나 더 단단해지고 통찰력을 기를 수 있게 하는 가장 기본적이고 중요한 일이다. 내가 상처받았다는 사실을 알고 상처의 존재를 인정하는 한편, 기꺼이 내 상처를 인정해주고 위로와 응원의 말을 건네는 사람을 찾아야 한다.

일단 사람들이 '세상에 나쁜 부모는 없다'라는 말을 믿으며 다수에 속한다는 자신의 입장을 이용해 나쁜 부모는 극소수라고 생각하거나 아이의 유치한 망상으로 치부한다면, 불행하게

도 이미 소수가 되어버린 아이들은 자신의 고통을 평생 입 밖에 꺼내기 어렵다. 말하면 금세 부정당하고 머리에 문제가 있다거나 부모를 모독하는 사람이라는 소리를 듣는다. 그러니 남들도 인정할 만큼 부모의 그림자가 크게 드리워지기 전까지는 스스로 부정할 수밖에 없다. 남들이 인정할 만큼 부모에게 '눈에 보이는' 상처를 입지 않는 이상, 그 상처는 없는 셈 칠 수밖에 없다.

하지만 그런 고통은 사람을 가장 우울하게 만들며 치유하기도 제일 어렵다. 사람들은 부모의 애정에 대한 잘못된 믿음 때문에 아이를 해치는 부모가 있다는 사실을 받아들이지 않는다. 오히려 도움을 청하는 아이가 유치하고 무지하며 부모의 고마움을 모르고 심지어 부모의 호의를 나쁘게 왜곡한다고 쉽게 단정 짓는다.

이런 견해와 지적은 **이 세상에 아이보다 더 부모의 사랑을 원하는 사람은 없다**는 사실을 간과한다. 나는 직접 아이를 낳아 기르고, 나와 주변 사람을 관찰하면서 알게 된 것이 있다. 부모가 어떻게 대하든 자녀는 자신을 대하는 부모의 태도가 호의에서 비롯된다는 말을 믿는다는 점이다. 간단히 말해 자녀는 '세상에 나쁜 부모는 없다'라는 말을 누구보다 믿고 싶어 하고, 기꺼이 믿으려고 한다. 자녀는 부모가 절대적으로 자신을 사랑한다는 말을 믿는 사람이기도 하다. 부모의 사랑을 어쩔 수 없이 의심하게 될 때 가장 고통스러운 사람은 다름 아닌 자식이다.

이 세상에서 사람들이 가장 순수하고 무조건적인 사랑에 가깝다고 하는 그것을 자신은 받지 못했다는 의미이기 때문이다.

조건부로 교환할 수 있는 사랑은 불안정하다. 선택할 수 있다면 누구라도 자신이 무조건적인 사랑을 주고받는 대상이 되고 그렇게 받아들여지기를 바랄 것이다. 부모의 사랑을 의심하고 자신을 사랑하지 않는 부모에게 상처까지 받은 자녀는 분명히 그런 의심 때문에 극심한 고통을 겪었으리라.

"부모님은 날 사랑하지 않는 것 같아"라고 말하는 건 결코 내키지 않는 일이다. 그래서 자녀들은 차라리 "부모님이 날 사랑하는 것 같기는 해. 다만……" 이런 식으로 단서를 붙여 자신이 사랑을 느끼지 못했고 사랑받지 못했다는 확신을 표현한다. 분명히 어딘가 잘못됐음에도 이렇게 우회적으로 머리를 굴리며 자신의 처지를 미화해야 한다면 그들은 상처를 치유할 시기를 놓치고 말 것이다.

자녀들은 어리거나 미성숙하고 인생 경험이 많지 않을 때 부모의 사랑을 오해하는 경향이 있다. 하지만 오해가 아니라 실제로 부모가 자녀를 사랑하지 않을 가능성도 높다. 그들에게 아이를 낳고 기르는 건 인생의 과제를 완수하고 노후를 대비하기 위한 일에 불과할 수도 있다. 아니면 단순히 남들처럼 자식을 낳을 때가 되어 낳은 것 그 이상도 이하도 아닐지도 모른다. 이런 사람들은 자녀를 자신의 목표를 달성하기 위한 수단으로만 여긴다. 이런 부모와 함께할 때 자녀가 사랑받지 못한다고 느끼는 것도 사실이다.

우리가 계속 자녀에게 모든 걸 사랑으로 받아들이라고 강요한다면 자녀는 사랑이라는 이름만 붙이면 사랑에서 비롯되지 않은 행위도 허용해야 한다고 오해할 것이다. 사람들은 상처 주고 통제하며 학대하고 이용하는 행위를 손가락질하는 대신, 부모가 자식을 사랑하는 마음이 분명한데 그런 행동이 뭐가 잘못이냐며 현실을 미화하는 필터를 씌우려고 한다. '세상에 나쁜 부모는 없다', '부모는 다 자기 자식을 사랑한다'라는 말들이 바로 그런 필터에 해당한다. 이런 필터들로 인해 자녀들은 자신의 처지를 제대로 파악하거나 입 밖으로 꺼내지 못한다. 피해자는 입을 꾹 다물고 가해자의 태도는 바뀌지 않는다.

'세상에 나쁜 부모는 없다'라는 말에 반대 의사를 표시하기만 해도 불쾌하게 여기는 사람들이 있다. 마치 자기들이 믿는 신앙을 매도하기라도 한 것처럼 말이다. 그래도 나는 늘 말하고 싶었다. 정말 자식을 사랑하는 부모와 그런 부모의 자녀는 위와 같은 자구 수정에 전혀 영향을 받지 않겠지만, 사실에 더 가깝게 '대다수 부모가 자식을 사랑하지만 그렇지 않은 소수도 있다'라고 수정할 수 있다면 부모에게 사랑받지 못해 괴롭고 외로운 영혼을 더 많이 구원할 수 있다고 말이다.

# 『우리는 왜
# 부모에게 빚지지 않는가』에 대해
# 이야기하다

보편적이지만 인정하는 사람은 별로 없는 사실이 있다. 부모가 되기로 한 사람 중에는 부모가 되길 원치 않은 사람이 수두룩하다는 것이다. 그들은 '사회적 집단의식 때문에 자녀가 없으면 안 될 것 같아서', '남들에게 다 있기도 하고 자녀가 있어야 이제 어른이며 독립했음을 증명할 수 있을 것 같아서', 혹은 '자녀가 있어야 노후가 보장되니까' 등등 스스로 생각하기에 아이를 낳아야 하는 여러 이유로 인해 못 이기는 척 부모가 된 것이다.

많은 사람이 '노후를 보장하기 위해', '웃어른의 잔소리를 피하기 위해', '위태로운 결혼 생활을 지속하기 위해', '본인과 배우자가 조금 더 성숙해지기 위해' 등 다양한 이기적인 동기를 가지고 자녀를 낳는다. 다만 수많은 부모가 솔직하게 자기 자신을 마주하고 이런 동기들을 입 밖에 꺼내지 않을 뿐이다.

그런 불순한 동기로 맺어진 관계라고 해서 시간이 지나도 사랑이 존재하지 않으리라고 단언할 수는 없다. 하지만 그 관계가 사랑에서 출발했다고 말하기는 어렵다. 게다가 '세상에 나쁜 부모는 없다', '부모는 다 자기 자식을 사랑한다', '낳으면 사랑하게 된다'와 같이 어느새 신앙처럼 되어버린 이런 사회적 미신으로 인해 부모와 자녀의 사랑은 각자 느낀 대로 판단하는 것이 아니라 사회적 여론으로 보증하는 대상이 되었다.

사람들은 사랑이 있다고 하면 있는 거라고 말한다. 부모가 나를 사랑하지 않고 통제한다는 느낌을 더 강하게 받아도 사람들은 아이가 그걸 입 밖으로 꺼내지 못하게 하고, 속으로 그런 감정과 의구심을 품는 일조차 허용하지 않는다. 자식에 대한 부모의 사랑은 타고나는 것이며 누구나 다 가지고 있다는 말은 사랑받지 못한 아이의 솔직한 감정을 부정하는 한편, 아이를 낳아 길러서 자신의 목적을 달성하려는 생각뿐인 부모를 보호한다.

사람들은 자식에 대한 부모의 사랑이 타고나는 거라고 믿기 때문에 본래 이기적이었던 동기를 간과하기 쉽다. 인간은 복잡한 동물이라서 이기심에서 시작된 관계가 순수한 사랑으로 발전할 수 없다고 장담하기는 어렵다. 그러나 자신의 이기심을 반성하려는 의지도 부족하고 그럴 필요성도 못 느끼는 부모가 있다는 것만큼은 분명하다. 그들은 키워준 것만 해도 과분한 은혜라고 여기며 자녀를 순수한 교환 관계로 끌어들인다. 교환 관계는 사랑하고 사랑받는 행복을 느끼기 어렵게 만들고 마음을 무겁게 할 뿐이다.

『우리는 왜 부모에게 빚지지 않는가warum wir unseren eltern nichts schulden』라는 책은 출간되자마자 화제가 되었다. 어떻게 하면 부모와 맺은 교환 관계에서 벗어날 수 있는지 궁금해하는 사람이 많아서가 아니었을까. '자녀인 우리는 부모에게 영원히 빚진 존재다'라는 말은 이미 귀에 딱지가 앉도록 들었다. 어쨌든 부모가 생명을 주고 키우면서 세상에 살아남아 독립적으로 생활할 수 있는 능력과 조건을 제공했으니 '부모에게 빚지고' 태어난 거나 다름없기는 하다.

부모와 자녀가 서로 사랑하며 상대방을 위해 뭐든 기꺼이 바칠 수 있다면 얼마나 좋겠는가. 하지만 균형을 이루는 관계가 있으면 당사자가 불평등하다고 여기는 관계도 있게 마련이다. 어떤 부모는 자식에게 바라는 경제적·정서적 기대치에 상한선이 없는 것처럼, 자식이 자신을 만족시키지 못하면 "내가 낳아주고 길러줬는데 너는 이런 식으로 보답해?"라며 비난을 서슴지 않는다. 부모가 평생 다 갚을 수 없는 온정을 베풀고 있다는 식이다. 아무리 노력해도 부모는 만족하지 않기 때문에 자녀는 자신이 은혜에 감사할 줄 모르고 이 세상을 살 가치가 없는 사람처럼 느껴진다. 당최 얼마를 갚아야 할지도 모르겠고 죄책감마저 든다. 하지만 본인이 감당할 수 있는 수준 이상으로 부모의 기대와 요구를 평생 짊어져야 한다면 자녀 입장에서는 의구심이 들 수밖에 없다.

빚을 지고 태어나 시간이 갈수록 그 빚이 늘어나기만 한다면 소위 부모와 자식 간의 정, 사람들이 보편적으로 존재한다고 믿는 부성애와 모성애란 과연 무엇일까? 사랑은 순수한 교환 관계일까? 자식을 사랑하는 부모라면 과연 자식은 채무자, 본인은 채권자가 되는 상황을 기분 좋게 구경만 할 수 있을까?

교환 관계에서는 등가 교환이 유일한 원칙이다. 내가 상대에게 무언가를 주면 상대는 동일한 가치의 사물이나 서비스로 보답해야 한다. 하지만 등가인지를 판단하는 기준이 철저히 주관적일 때, 즉 자녀로부터 받은 것에 대등한 가치가 있는지를 판단하는 객관적 기준이 부모에게 없다면 사람들이 공평하다고 느끼는 등가 교환이 존재하지 않을 가능성이 높다.

끝없는 욕망을 지닌 사람에게 상대방은 영원히 빚진 자이며 불균형한 상태에서 벗어날 수 없다. 상대가 나보다 더 잘 살기를 바라는 쪽으로 기대치를 조정할 수도 없고, 내가 더 많이 가지지 못해서 손해 보는 느낌이 든다면 그 교환은 결코 만족스러울 수 없다. 부모로서 이 문제를 생각할 때 나는 아이가 내게 조금이라도 빚진 기분을 느끼지 않기를 바란다. 부모가 되기로 한 건 순전히 나의 선택이기 때문이다. 아이는 스스로 원해서 이 관계를 맺은 것이 아니다. 그리고 기왕에 사랑하기로 약속했으면 실천하려고 노력해야 한다. 이는 내가 자녀들과 맺은 계약이 아니라 스스로 원해서 한 일이라고 봐야 한다.

내가 이해하는 사랑은 주는 과정에서 즐거움과 만족감을 느끼는 것이다. 딱히 아이가 내게 보답해야 한다는 관점에서 자녀를 바라보지는 않는다. 나는 '부모에게 빚진다'라는 말을 내가 느끼는 감정으로 이해한다. 부모나 자식 둘 중 어떤 입장이든 **빚지는 관계를 상정하는 일이 내게는 부자연스럽고 거북하게 느껴진다.** 설마 사랑한다면서 한편으로는 상대방이 언젠가는 "이거 다 해줬으니까 이제 우리 서로 빚진 거 없습니다"라고 말하기를 기대하는 걸까? 하지만 빚이 있고 없고를 논하는 일은 바로 이런 것이 아니던가? 공평하고 등가적이며 수지 타산이 맞는다는 말은 주는 것보다 받는 게 더 많다는 뜻이다. 이는 사람들이 사랑 안에서 느끼는 편안함, 행복감, 자기 가치감의 원천, 조건을 불문하고 존재하기만 하면 된다는 인정과는 완전히 배치되는 것처럼 보인다.

『우리는 왜 부모에게 빚지지 않는가』는 철학적인 관점에서 부모가 자녀에게 요구하는 교환 관계가 계약상 성립하지 않는 이유를 분석한다. 간단히 말하면 교환 관계를 형성할 때 필요한 가장 큰 전제 조건은 계약 내용이 투명하고 쌍방이 동등한 위치에서 교환 관계를 맺을지를 함께 결정해야 한다는 것이다. 다시 말해 자녀가 자신에게 진 빚을 갚을 의무가 있다고 말하려면 반드시 아이를 낳기 전에 본인처럼 사고력과 독립적인 판단력을 갖춘 자녀와 조건을 협상하고 쌍방이 이런 관계를 맺기로 약속해야 가능하다는 뜻이다.

자녀는 자기 의사와 상관없이 일방적으로 태어났고, 이 세상에 나오기 위해 자신의 무언가를 교환 조건으로 내걸어야 한다는 데 사전 동의를 하지도 않았다. 따라서 부모가 자녀에게 한 건 거래라기보다 증여에 더 가깝다. 즉, 거저 주어진 걸 받은 자녀에게 보답하라고 요구할 입장이 못 된다.

개인적으로는 이 책에 내가 자녀를 대할 때와 비슷한 내용이 나오면 공감하기도 했고, 내가 원해서 낳았다면 자녀는 아무것도 빚지지 않았다는 생각을 하기도 했다. 하지만 제목 때문에 이 책을 산 독자라면 책을 통해 자신이 기대하던 위로를 받지 못했을지도 모르겠다. 자신이 왜 부모에게 빚지지 않았는지 알고 싶은 사람은 보답을 강요하는 부모의 압박에서 벗어날 방법이 없기 때문이다.

자유로워지고 싶고 부모와 자식 관계에서 빚진 기분으로 살고 싶지 않은 그 심정을 순수한 철학과 법학 담론으로 위로

받기란 어려울 것이다. 설령 이 책의 논지를 들어 부모에게 "내가 낳아달라고 한 것도 아니잖아요"라고 반박해도 부모는 자식을 놓아주기는커녕, 부담에서 벗어나고 싶은 심정을 표출했다는 이유로 부모의 은혜에 감사할 줄 모르는 불효막심한 놈이라며 강하게 비난할 가능성이 높다.

부모의 기대를 만족시키지 못해 빚진 기분을 느끼는 사람은 어떤 논리를 찾아 자신이 그렇게 나쁘지 않고, 빚을 졌다는 부모의 주장이 성립하지 않는다는 점을 증명하려는 것이 아니다. 그보다는 자기가 부모에게 진심으로 사랑받지 못한다는 사실을 유감스러워한다고 말하는 편이 더 맞을 것이다. **애초부터 채권자와 채무자 사이에는 진실한 사랑이 존재하지 않기 때문이다.**

부모가 자식이 '우량 채무자'인지 아닌지를 평가하는 것 자체가 이미 진실한 사랑의 부재를 증명하는 일이나 다름없다. 자식 입장에서는 자신이 빚지지 않았다는 사실을 입증하기보다 부모가 자신을 사랑해주길 바란다. 부모에게 교환 관계와는 다른 사랑을 기대하는 것이다. 그리고 왜 이런 교환 관계가 형성되었는지, 사랑이 있어야 하는 부모와 자식 관계에서 자신이 왜 충분히 보답하지 못한다는 비난을 받고 무조건적인 사랑이 주는 편안함을 누리지 못하는지 알고 싶어 한다.

『우리는 왜 부모에게 빚지지 않는가』는 흥미로운 책이다.

철학에 익숙하지 않은 사람에게는 조금 난해할 수도 있다. 흥미롭기는 해도 사랑의 부재를 훌륭한 철학적 담론으로는 치유할 수 없다는 분명한 한계가 있다.

## "예전에 우리도 다 그렇게 자랐어"라는 말은 세대 차이를 간과한 것이다

자기는 이보다 더 부모에게 홀대받고 자랐다며 요즘 애들은 너무 나약하고 만족을 모른다고 나무라는 부모들이 있다. 아마도 예전에 부모에게 체벌을 받은 세대일 것이다. 당시에는 사회적으로 아이가 부모에게 맞아 뼈가 부러지고 멍이 들어도 그것을 '훈육'으로 인정하는 분위기였고, 남아 선호 사상도 지금보다 더 심했다. 딸은 아예 교육을 받지 못했고 결혼할 상대조차 마음대로 고를 수 없었다. "나는 그런 상황에서도 잘만 자랐어." 이 말은 지금보다 예전이 더 심했다는 의미일 것이다.

이전 세대나 그 이전 세대는 요즘 유행하는 심리학에서 가정 환경이 한 사람의 인생과 인격 형성에 어떤 영향을 미치는지를 중시하는 걸 보며 이런 결론을 내릴 가능성이 높다. "요즘 애들은 부모 탓만 할 줄 안다니까. 다 컸으면 제 앞가림은 알아서 해야 하는 거 아니야?" "과거는 과거로 흘려보내야지. 이게 다 요즘 애들이 약해빠져서 그런 거라고." 그런데 이런 말은 이제 막 중년에 접어든 성인을 포함한 요즘 자녀가 이전 세대, 그 이전 세대와 전혀 다른 환경에서 자랐다는 사실을 간과한 발언이다. 이전 사회에서는 가족 구성원끼리 사이가 돈독했다. 요즘 대세가 된 핵가족 형태가 아니라 소위 '가족'에 더 가까운 형태로, 부모도 있고 조부모, 친가와 외가 식구도 이웃에 살았다. 부모가 자식도 많이 낳아서 자신이 유일한 자녀가 아니었고, 형제·자매도 두 명 이상인 경우가 많았다. 대가족이 함께 살거나 친척과 가까이 살고 자주 왕래한다는 건 자녀 입장에서 볼 때 부모와 지위가 비슷하거나 동등한 성인이 주변에 많았다는 뜻이기도 했다.

내 아버지는 형제가 여섯 명인 가정에서 자랐다. 부모 외에도 할머니, 할아버지, 큰아버지와 처자식까지 집 세 채가 연결된 삼합원=合院에서 살았다. 평일이면 어른들은 논과 과수원에서 일하고, 아이들은 거의 매일 함께 먹고 자며 시간을 보냈다. 자녀의 지위는 낮았다. 전통적인 가정, 그러니까 부모와 자식이 상하 관계인 가정에서 자식은 부모에게 대들 힘이 없었다. 하지만 상대적으로 아이도 많고 식솔도 많았기 때문에 부모가 모든 자녀를 옆에 끼고 있을 시간과 여력이 없었다. 거의 방임하다시피 자녀를 키운 거나 마찬가지였다. 그렇게 아주 어렸을 때부터 자녀들은 부모의 시선이 닿지 않는 곳에서 본인의 관점으로 세상을 바라보았다.

내 부모는 사이가 안 좋아도 다른 집 부모는 부부애가 좋을 수 있었다. 친척·이웃과 자주 왕래하며 밥그릇과 수저만 챙겨 다른 집에 가서 밥도 먹고 종일 눌러앉아 있어도 되는 시대에 살았던 아이들은 요즘 아이들보다 가정과 결혼에 대해 더 큰 상상의 나래를 펼쳤으리라.

자기 부모가 가정 폭력을 행사하고 화목하지 않았을지라도 같이 사는 큰아버지와 큰어머니, 옆집에 사는 이웃은 달랐다. 아버지가 때리며 화풀이하고 쓸모없는 자식이라고 욕해도 인자한 큰어머니나 이웃집 아주머니는 아이들을 다르게 봐줄 수도 있었다. 아버지에게 매 맞는 아이를 딱하게 여기며 위로할 가능성도 높았다. 그 시절 아이들 주변에는 부모 말고도 다른 어른들이 있었기에 상대적으로 부모에게 홀대받거나 부모에게서 불평등한 혼인 관계의 전형을 목격한 아이라도 부모와 자기가 만든 이 작은 세계가 세상의 전부가 아님을 알 수 있었다. 부모가 자녀를 대하는 방식, 자녀를 평가하고 자녀에게 꼬리표를 붙이는 행동이 단지 부모의 의견에 불과하며, 세상 모든 어른이 그런 시선으로 자신을 바라보지는 않는다는 걸 자녀들도 알 수 있었다.

과거에는 아이들이 대가족에서 자랐기 때문에 요즘처럼 핵가족 형태에서 자란 아이들에 비해 가정의 부정적인 영향에서 벗어날 기회가 더 많았다는 말은 확률상 그러하다는 것뿐이다. 그 시대에 부모에게 심각한 상처를 입고 그늘에서 벗어날 수 없었던 수많은 사람을 부정하는 것은 아니다. 다만 기본적인 사회적 조건이 다르기 때문에 부모가 자녀에게 미치는 영향, 특히 부정적인 영향이 자녀에게 초래하는 상황들도 다를 수밖에 없다는 소리다.

일본 작가 나카와키 하쓰에의 소설 『너는 착한 아이야』에서 묘사하는 것처럼 성장 과정에서 만나는 모든 어른이 아이가 구원받는 계기가 될 수 있다. 이 책은 여러 단편 소설로 구성되는데, 책에 등장하는 대다수 어른에게는 이상적인 부모가 없다는 공통점이 있다. 부모에게 학대받았거나 무시당한 사람도 있지만, 다들 그늘에서 벗어나 자신의 가치를 되찾고 상처를 말한다. 게다가 그 상처가 나와 다른 사람을 다치게 하지 않는 핵심은 바로 '부모 이외의 어른'에게 있다. 아이가 부모에게 홀대받아 방황하며 언제든 엇나갈 수 있는 상황에서 다른 어른이 건네는 "너는 착한 아이야"라는 말은 그들의 인생에 놀라운 영향을 미칠 수 있다.

아이는 항상 부모가 자신을 대하는 방식을 통해 자기의 존재 가치를 판단하기 때문에 일단 부모의 방식이 잔혹하고 무정하면, 아이는 자신에게 부모가 좋은 대접을 해줄 만큼의 가치가 없으며 스스로 착한 사람이 아니라고 생각한다. 또 갈등으로 점철된 부모의 결혼 생활과 갈등 상황을 해결할 수 없는 무능력한 자신을 보며 구원자가 될 수 없다는 생각에 자책한다. 늘 책임을 전가하며 "너 때문에 엄마가 이 모양 이 꼴로 사는 거야", "너 때문에 아빠가 억지로 엄마 같은 여자랑 사는 거야"라는 말을 자녀에게 하는 부모도 있다. 그러면 아이는 자기 때문에 부모가 고통스러운 결혼에서 벗어나지 못하고 지옥에서 살게 됐다며 스스로 문제의 원흉이라고 여긴다. 이럴 때 아이를 구원할 기적의 한 마디가 바로 "너는 착한 아이야"다.

지금 우리 사회가 가정에서 자녀를 대하는 부모의 태도가 아이에게 미치는 영향을 더욱더 강조하는 것은 요즘 아이들이 이전 세대보다 더 나약하다고 주장하거나 모든 잘못을 부모 탓으로 돌리기 위함이 아니다. 과거와 달리 요즘 아이들은 어려서부터 다른 어른들과 지내며 다른 가정이 어떻게 생활하는지 접해볼 기회가 크게 줄었다. 다시 말해 부모가 홀대할 때 그들을 품어주고 부모만 옳은 게 아니라고 이끌어줄 어른이 그들 곁에 나타날 확률도 낮아졌다는 뜻이다.

요즘 가정은 과거에 비해 고립된 채 자녀를 기르기 때문에 자녀가 부모와 지내는 시간은 대폭 증가하고, 부모와 떨어져 다른 어른과 함께 지내는 시간은 줄어들었다. 이 또한 자녀가 부모의 영향을 많이 받게 된 요인이다. 요즘에는 부모가 자녀를 홀대할 때 자녀가 부모로부터 떨어져 올바로 자신을 대해주는 다른 어른 곁에서 숨 돌릴 기회를 얻기가 힘들다. 게다가 저출생으로 대부분 아이들이 집에서 유일한 자녀이거나 형제·자매가 한 명 정도밖에 없다. 그들 주변에 부모가 어떻게 대하든 반격하기보다 수동적으로 받아들이는 또래 수도 줄었다는 뜻이다.

우리 아버지는 자신을 포함해 형제가 여섯 명이었는데, 이는 늘 같이 지내던 사촌들을 포함하지 않은 숫자다. 제대로 포함해서 계산하면 아마 열 명이 넘을 것이다. 그래서 어른의 화풀이 대상이 되었을 때 온전히 혼자 감당하지는 않았으리란 추측이 가능하다. 똑같은 대우를 받으며 견디는 또 다른 아이가 있었을 가능성이 높은 것이다. 어느 시대든 부모가 자식을 홀대하는 행위는 옳지 않지만, 만약 아무도 나를 이해해주지 않고 부당한 대우를 받는 사람이 나밖에 없다면 어떨까. 그런 의미에서 오늘날 핵가족 자녀는 자신과 비슷한 처지의 형제나 사촌이 있었던 과거의 아이들보다 더 큰 무기력감과 고통을 느끼지 않을까 싶다. 고립은 요즘 아이들이 부모의 통제와 그들이 주는 상처로부터 벗어나기 어렵게 만든다. 아이들이 고립된 이유는 가족 구성 방식의 변화, 즉 사회 환경이 변했기 때문이다.

우리는 대체 언제쯤이면 요즘 아이들이 나약하다고 쉽게 단정 짓고 강인하지 못하다며 피해자를 비난하는 대신, 자녀가 성인이 될 때까지 부모가 어떤 식으로 영향을 미치는지 신중하게 바라볼 수 있을까? 아이에 대한 잘못된 처우를 논의하는 온라인 게시판을 보면 이렇게 코웃음 치는 사람들이 있다. "뭐가 그렇게 심각해요? 우리도 다 그렇게 자라지 않았나요?" 나는 그래도 '시대가 이미 변하지 않았나' 하는 생각이 든다.

요즘 아이들이 부모와 얼마나 긴밀하고 폐쇄적인 관계인지, 이로 인해 세상을 바라보는 시야가 얼마나 달라지는지 모르고 하는 소리다. 시대마다 행복한 면도 있고 불행한 면도 있다. 요즘 아이들은 예전보다 풍족한 생활을 누린다. 자녀 수가 적다 보니 자원이 집중되기 때문이다. 하지만 아이가 누리는 이익이 많아졌다는 것과 스스로 더 강해지고 부모의 홀대를 알아차리며 자신을 보호할 자원을 얻어낼 수 있느냐는 별개의 문제다.

시대별 사회적 환경의 차이를 이해하면 우리는 피해자를 비난하는 과오에서 벗어나 진짜 해결해야 하는 문제가 무엇인지를 발견할 수 있다. 아이에게 마음이 너무 나약하다거나 이전 세대가 그랬듯 자기 힘으로 부모의 그늘에서 벗어나지 못한다고 비난하지 말고 아이가 강인한 마음을 키울 수 있는 환경을 만들어 주는 것, 이것이 바로 우리가 해야 할 일이다.

## "딸은 세심하다"라는 말은 모든 여성에게 족쇄다

영화 〈맘마미아〉를 보면 메릴 스트리프가 연기한 엄마가 결혼을 앞둔 딸을 바라보며 모녀가 함께 지낸 시절을 추억한다. 그러고는 촉촉한 눈으로 미소 지으며 이런 노래를 부른다. "이른 아침, 그녀가 책가방을 들고 손을 흔들며 미소를 띤 채 집을 나서요. 무심한 미소를 지으며 '안녕' 하고 손을 흔들죠. 영영 그녀를 잃을 것만 같아요. 손가락 사이로 빠져나가는 듯한 시간들……." 내가 영화관에서 이 장면을 보며 눈물을 흘린 까닭은 엄마와 함께 보낸 시간이 떠올라서가 아니라, 이토록 따뜻하게 딸을 추억하는 엄마가 있다는 사실이 너무 좋아서였다.

한국 드라마 〈고백 부부〉에도 이런 감동적인 장면이 나온

다. 주인공의 엄마는 딸이 미래에서 왔고, 그 미래에 자신이 병으로 세상을 떠나기 때문에 딸이 미래로 돌아가기를 주저한다는 사실을 알게 된다. 그때 엄마가 딸을 안고 이렇게 말한다. "부모 없이는 살아져도 자식 없이는 못 살아." 그렇게 엄마는 미래로 돌아가 가정을 지키라고 딸을 격려한다. 엄마라면 당연히 딸의 손을 놓기가 아쉽고 가슴 아플 것이다. 그래도 엄마는 엄마가 없는 길을 걸어가도록 딸을 축복해야 한다. 결국 인생은 스스로 걸어가야 하기 때문이다.

나는 이런 모녀를 볼 때마다 여지없이 감동한다. 세상에 서로 죽고 못 사는 수많은 모녀를 보면서 언젠가 슬픈 이별을 맞이하더라도 후회하지 않을 모녀 관계를 맺을 수 있다는 것이 너무 좋았다.

친구의 결혼식장에서 줄곧 입을 꾹 다문 채 미소 짓지 못하는 친구 어머니를 본 적이 있다. 그 혼사가 못마땅해서가 아니라 자신의 품을 떠난 딸이 앞으로 행복한 인생을 살 수 있을지 걱정하는 마음에서 나온 표정이었으리라. 같은 여성으로서 남성보다 여성이 추구하는 행복에는 수많은 어려움이 있다는 걸 잘 알기 때문이다. 딸을 보는 엄마의 눈빛에는 수만 가지의 말이 담긴 듯했다. 아들의 결혼에 마냥 기뻐하는 시댁 식구와는 전혀 다른 모습이었다. "힘들면 언제든 엄마한테 와." 신부 드레스를 매만지며 나지막이 건넨 엄마의 말에 친구는 물론이고 곁에서 들은 우리도 덩달아 눈물을 떨구었다. 감동적이기도 하고 슬프기도 했다. 이 세상의 모든 모녀 관계가 이렇지 않다는 것을 알기 때문이다.

세상에 수많은 모녀가 있듯이 그녀들의 관계에도 다양한 모습이 있다. 따라서 모든 모녀가 친구와 어머니 같은 모습, 영화나 드라마에 나오는 그런 모습일 수는 없다. 관심과 사랑을 오로지 아들한테만 쏟는 엄마들도 있다. 그런 집에서 딸은 그림자처럼 존재감이 사라진다. 부모는 딸에게 관심과 사랑을 주기는커녕 오히려 가정을 위해 관심과 사랑을 쏟으라고 요구한다.

남아 선호 사상에 물든 부모는 가정을 위해 얼마나 희생할 수 있느냐로 딸의 가치를 평가한다. 그것 말고는 그들에게 딸이란 있으나 마나 한 존재다. 시집간 딸은 이미 엎질러진 물처럼 더 이상 가정에 보탬이 되지 않아 존재 가치를 상실한다. 하지만 아쉬울 때는 여전히 딸에게 도움을 청한다. 아들이 제구실도 제대로 못 하면서 끊임없이 부모에게 돈을 요구할 때는 특히 더하다.

우리는 남아 선호 사상 때문에 아들을 오냐오냐하며 키우다 망쳐버린 이야기를 주변에서 자주 듣는다. 나이가 들면 부모 곁에 남는 건 딸뿐이다. 부모의 관심과 지원을 독차지하던 아들은 가뭄에 콩 나듯이 어쩌다 한 번씩 부모를 찾아오는 것이 전부다. 그런 모습을 보면서 사람들은 그게 다 남자와 여자의 천성이 달라서라거나 딸이 더 세심하고 정이 많아서라고 말한다.

하지만 내 생각은 다르다. 남아 선호 사상으로 아들을 편애하다가 망쳐버린 이런 집안에서 딸이 부모를 위해 희생하는 이유는 그런 노력을 해서라도 무언가를 증명하고 싶기 때문일지 모른다. 어려서부터 남자 형제가 부모에게 특별 대우를 받는 모습을 보고 자라다 보니 부모가 알아주기를 바라는 것이다. 부모의 지원을 당연하게 누리고 가장 많은 관심과 사랑을 받으며 자란 오빠나 남동생이 아니라, 부모에게 받은 걸 감사하고 보답할 줄 알며 그들의 사랑과 관심을 받을 자격이 있는 사람은 다름 아닌 나라고 말이다. 부모가 아들에게 퍼주는 것을 부당하다고 여기면서도 무정한 부모를 마냥 모르는 체하지도 못한다. 최소한 자신이 가족을 위해 열심히 노력하는 모습을 보면서 부모가 언젠가는 "역시 네가 낫다"라고 말해주기를 바랄 뿐이다.

단지 여자라는 이유 하나만으로 부모는 딸이 부족하다고 여긴다. 공부를 잘하고 사회에 진출해서 두각을 나타내도 수많은 부모에게는 딸이 여자라는 사실 자체가 한계이고 아쉽게 느껴질 뿐이다. 그러니 부모에게 자신이 아쉬운 존재가 아님을 증명하고, 조금이라도 더 많은 사랑과 인정을 받으려면 무책임한 남자 형제보다 더 많이 노력해야 한다고 스스로 다그칠 수밖에 없다. 부모가 정말 무언가를 깨달아서 포기하지 않고 남아 있는 딸에게 고마움을 표현한다면 그나마 다행이다. 하지만 세상에는 평생 오매불망 아들만 생각하고 걱정하는 부모의 이야기가 널리고 널렸다.

딸은 항상 곁에서 보살피기 때문에 오히려 더 자주 불려 다닌다. 보호자로서 미흡한 부분이 많다거나 세심하지 못하다는 비난까지 받는다. 반면 어쩌다 한 번 얼굴을 비추는 아들은 평생 금지옥엽 대우를 받는다. 부모는 아들에게 한마디라도 더 해주지 못해 아쉬워하고, 아들만 편애한다고 딸이 원망하거나 싫은 소리라도 하면 왜 그렇게 철딱서니 없이 따지고 드느냐며 꾸짖는다. "걔가 바깥일을 하면서 얼마나 힘들겠어!", "걔가 많이 바쁘잖아. 원래 시간적 여유가 있는 사람이 더 많이 일하는 거지", "걔도 자기 식구가 있잖니"라면서 말이다. 만약 딸이 "그럼 나는 안 힘들어?"라며 반박하려고 들면 부모는 황급히 화제를 돌린다. "부모한테 말하는 태도가 그게 뭐야?", "부모한테 효도하는 게 당연하지", "지금까지 널 키워준 게 누군데" 부모는 수시로 이런저런 이유를 갖다 붙이며 딸의 요구를 무시하지만, 사실 딸이 바라는 건 자유가 아니라 공평한 대우다. 공평하게 사랑받기를 원하는 것이다. 똑같은 자식인 만큼 부모에게 남자 형제와 똑같이 사랑받고 싶어 한다. 하지만 부모는 공평하게 대하지도 않고, 아들과 딸을 차별하고 있다는 사실조차 의식하지 못한다.

부모에게 아들은 퍼 주는 대상이고 딸은 고작 성별 때문에 가정을 돌보는 사람이 된다. 시댁 식구나 나와 성이 다른 외손자를 돌보면 딸을 낳아 키운 게 왠지 밑지는 장사 같고, 딸은 크면 남의 집 사람이라고 여기는 부모가 있다. 그러면서 딸이 원가족과 남아 선호 사상에 물든 부모를 돌보는 건 당연하게 여기며 안쓰러워하거나 고마워하지 않는다. 아들은 남자이기 때문에 어쩌다 가끔 자식을 돌보기만 해도 훌륭한 아빠 소리를 듣는 것처럼, 아들보다는 딸이 당연히 원가족에게 더 많이 보답해야 한다고 여기는 부모가 많다.

딸에 대한 차별 대우의 이면에는 사실 사회가 어머니의 권리를 박탈하는 것과 같은 논리가 숨어 있다. 여성은 무조건 가정을 위해 희생해야 한다는 사회적 인식 때문에 감사나 보답을 기대하는 마음은 이해타산적이고 품어서는 안 될 탐욕과 이기심으로 비친다. 상대적으로 남성은 아무리 가정을 위해 하는 일이 적어도 칭찬받을 만하다고 여겨진다. 이미 그가 기대 이상으로 자기 몫을 해냈다는 듯이 말이다.

다른 사람에게는 세심하고 효심이 깊다고 칭찬받는 딸들이 집에서는 그들의 수고를 당연하게 여기는 부모와, 어쩌다 가끔 전화 한 통만 해도 효자라고 칭찬받으며 더 많은 몫을 챙겨 가는 남자 형제를 상대한다. 그러니 딸들이 느끼는 좌절과 외로움이 얼마나 크겠는가? 자신을 희생하며 스스로 사랑받을 만한 사람이라고 증명하는 행위는 남들이 보기에 얼마나 사랑받지 못하는 사람인지를 스스로 증명하는 것이나 다름없다.

진실한 사랑은 상대를 아끼고 축복하는 마음으로 이루어진다. 부모는 아들의 수고를 안타까워하고 그의 성공을 바라지만, 딸에게는 곁에 남아 자신을 돌보고 더 이상 가정을 돌볼 수 없는 엄마의 역할까지 대신 하라고 요구한다. 양성 불평등은 이렇게 세밀한 부분에서 대물림되고 '딸이 원래 세심하고 센스 있게 부모를 잘 챙긴다'라는 말로 포장된다. 얼핏 들으면 칭찬 같지만, 집안일과 감정 노동이 딸에게 더 할당된다는 사실을 합리화할 뿐이다.

남아 선호 사상이 강한 집에서 딸은 아들처럼 사랑받지 못해 외롭다. 게다가 엄마와 같은 여성이기 때문에 평생 조건 없이 희생하는 보호자 역할을 강요받는다. 실제로 이런 사례는 수두룩하다. 어떤 엄마는 본인도 남녀 차별의 피해자이면서 딸도 똑같은 고통을 겪게 하고 그 한계를 극복하려는 딸을 눈엣가시처럼 여긴다. 또 딸이 무조건적인 희생을 거부하면 저밖에 모른다고 나무란다. 자신도 여성이라는 사실을 망각한 채 딸과 아들을 차별하는 행위는 딸에게 자신이 겪은 고통을 대물림하는 것이나 다름없다.

만약 우리가 계속 무턱대고 사회적 미신을 받아들여 딸은 아들과 달리 세심하며 부모를 더 잘 챙긴다고 믿는다면, 여성은 이 사회에서 남성과 동등하게 존중받고 나답게 살 수 있는 충분한 자유를 얻을 수 없다. 딸들은 늙어서 기력이 다할 때까지 가정의 보호자 역할을 감당해야 할지도 모른다.

딸의 결혼식에서 애처롭게 딸을 바라보던 엄마의 눈빛은 같은 여성으로서 나답게 살아가는 일이 얼마나 어려운지를 알지만, 그럼에도 홀로 싸워나가야 하는 딸에 대한 안쓰럽고 아쉬운 마음의 표현이었으리라. 우리는 엄마로서 이런 마음으로 하고 싶은 일을 하고, 물질적으로든 정서적으로든 자신의 수고에 대한 합당한 보상을 받기 위해 노력하라고 딸을 격려해야 한다.

## 부모가 준 상처를
## 인정하는 것만이 치유로 나아가는
## 유일한 방법이다

"부모의 자살 충동은 설령 그게 털끝만큼이라도 나를 자극할 수 있다."
"나는 부모에게 그들이 사랑받고 있다는 걸 믿어달라고 애걸복걸해야 한다."
"신이시여, 부디 제가 부모님을 기쁘게 할 수 있게 해주세요."
―『나의 뼈는 모든 것을 안다』

『나의 뼈는 모든 것을 안다』라는 책을 읽을 때 나는 몇 번이고 책장을 덮으며 깊은 한숨을 쉬어야 했다. 심호흡을 해도 불쑥불쑥 솟아오르는 감정이 회복되지 않았다. 그건 슬픔보다 한 단계 더 나아간 감정이었다. 책에 나오는 저자의 유년 시절 경험, 성인이 되어 어린 시절의 상처를 돌이키고 치유하려는 저자의 상황과 생각이 내 안의 어떤 부분과 불가피하게 겹쳐 보였다. 마치 내 마음의 심연에서 지금도 바닥에 주저앉아 어쩔 줄 몰라 하는 어린아이의 손목을 잡아끌고 나오는 듯한 느낌이었다. 사실 나는 그 아이의 존재를 알고 있었지만 자주 떠올려서는 안 된다는 생각이 강했다. 안 그러면 관계의 피상적인 화목함마저 사라질 수 있으니까.

우리는 어떻게 과거의 상처와 현재의 평온한 삶 사이에서 균형을 이루어야 할까? 한때 내게 상처를 주었고 나와 어떻게든 연관된 사람을 어떤 식으로 대해야 할까? 균형을 이루는 일이 가능하기는 할까? 내려놓거나 해소하는 일이 다른 사람, 특히 비슷한 경험을 해본 적 없는 사람들의 말처럼 쉬울까? 나는 그게 쉽지 않기 때문에 수많은 사람이 마음의 문을 닫은 아이를 가슴에 품고 『나의 뼈는 모든 것을 안다』의 저자처럼 성인이 되어 바쁘게 일하고 성과를 거두기 위해 노력한다고 생각한다. 그들이 그토록 분주하게 생활하고 남들처럼 지내려고 고군분투하는 이유는 혼자 있으면 학대받은 어린 시절의 그림자가 떠올라서일지도 모른다.

자신의 그림자를 꼭 마주할 필요는 없다손 치더라도 그 그림자가 저절로 사라지지는 않는다는 걸 기억할 필요는 있다. 업무적으로 힘들 때는 자신을 꾸짖던 아버지가 떠오르고, 누군가에게 배신당하거나 버림받지 않으리라는 확신이 없기 때문에 특정 상황에서 쉽게 화를 낸다. 하지만 그런 분노는 과거에서 비롯한다. 작고 연약한 아이가 부모에게 통제받고 이용당한 아픔 때문에 가시가 돋쳐 날카롭게 발현되는 것이다.

부모는 결혼 생활의 불화와 인생에 대한 불만 때문에 자살하겠다며 반복적으로 저자를 위협했다. 그리고 그녀 때문에 본인 인생이 괴로워졌으니 무릎 꿇고 사과하라고 요구했다. 이런 경험으로 그녀는 복합성 외상 후 스트레스 장애CPTSD(장기간 반복적으로 지속되는 신체적·정신적 폭력 등으로 인한 정신적 외상)가 생겼다. 남들이 부러워할 만한 모든 걸 가진 어른으로 성장했지만, 지옥 같았던 어린 시절의 경험에서 자신을 구원할 수 없었다.

부모는 끊임없이 언어적·신체적 폭력을 행사하고 걸핏하면 그녀를 갖다 버리겠다고 위협했다. 그리고 그녀가 먹고, 자고, 입고, 교육받은 모든 물질적인 혜택에 감사하라고 강요했다. 하지만 정작 자신이 과거에 그녀에게 준 상처는 부정했다. 어떻게든 인정할 수밖에 없는 부분에 대해서는 그녀가 "집요하게 과거를 파헤친다", "나쁜 것만 기억한다"며 호되게 야단쳤다.

그녀는 자기 자신을 이해하고 아픈 과거를 치유하고 싶었다. 하지만 지금도 그녀와 연락하며 지내는 아버지는 지난 일을 끄집어내는 것이 스스로 '감사할 줄 모르는' 자식이라는 걸 재차 증명하는 일에 불과하다고 말했다. 부모는 그저 모든 과거를 다 잊고 현재의 평화와 행복만을 누리고 싶어 할 뿐이다.

우리 중 대다수는 이 책을 읽으면서 그래도 우리 집은 평범한 축에 속한다고 생각할지 모른다. 하지만 아주 조금이라도 비슷한 경험을 했다면 정도의 차이는 있겠지만 이 책은 나약한 감정을 환기해 몇 번이고 심호흡하며 눈물을 머금게 만든다. 더불어 안전하고 따뜻한 기분을 느끼게 하는 포옹과 '너는 사랑받을 자격이 있는 사람'이라고 말해줄 누군가가 필요하다는 생각이 들 것이다. 아니면 그와 정반대로 지금은 따뜻하고 안전한 환경에서 누군가에게 이런 말을 들었기 때문에 더 쉽게 목 놓아 울 수 있을지도 모른다.

나도 비슷한 경험이 있기에 그런 깨달음을 얻었다. 어린 시절 부모 옆에서 안전함을 느끼기를 얼마나 바랐는지 모른다. 하지만 그때는 그런 느낌을 받지 못했고, 지금은 그런 안전감을 느끼기에는 너무 나이가 들어버렸다. **유년 시절이라고 하면 아이로서 누릴 수 있고 가슴이 따뜻해지는 추억만 기억하는 사람도 있지만, 반대로 슬프고 아쉬운 기억만 잔뜩 떠오르는 사람도 있다.**

기본적으로 자녀가 어떤 삶을 사느냐는 부모에게 달렸다. 유년 시절의 아이는 더할 나위 없이 연약하면서도 강한 존재다. 여기에서 '강하다'는 말은 부모가 준 모든 고통을 자녀가 감내할 수 있다는 뜻이 아니다. 부모를 위해 책임지고, 부모 대신 가정을 유지하며, 부모의 불화로 가정이 산산조각이 나지 않게 하려고 노력하는 결단력 있는 그들을 연약한 자신을 바꿔보려는 시도조차 하지 않는 부모와 비교했을 때 용감하고 강인하다는 의미다.

그럼에도 불구하고 그들이 연약한 아이라는 사실은 변하지 않는다. **모든 면에서 아이는 연약하다.** 단지 그들이 생명을 유지하고 생활에 필요한 모든 것을 부모에게 의지해서가 아니다. 그들이 가정 이외의 다른 세상을 잘 모르기 때문에 전적으로 부모 의견을 따라 사물을 해석하고 바라본다는 의미다. 그래서 부모가 자신의 필요에 따라 자식을 과소평가하고 비난하며 그들의 가치를 부정하면 자녀들은 그걸 곧이곧대로 받아들인다. 부모에게 사랑받고 중요한 존재가 되고 싶은 마음에 헌신하고 봉사하지만, 어떻게 자신을 사랑하고 존중해달라고 요구해야 하는지는 모른다. 자식에게 한 짓을 보면 누가 봐도 가해자인데, 부모가 '이 집에서 가장 연약하고, 괴로우며, 동정할 만한 사람'처럼 연기하면 자식은 본인이 나쁘다고 생각해 실수를 만회하고 그들을 만족시키려고 노력한다.

『나의 뼈는 모든 것을 안다』 저자의 엄마는 생활 스트레스 때문에 저자에게 폭언과 욕설을 서슴지 않는다. 심지어 그녀의 머리채를 잡고 질질 끌고 다니며 날카롭게 소리친다. "다 너 때문이야. 네가 이렇게 나쁜 아이라서!" 그녀는 울면서 엄마에게 사과한다. 모두 다 자기 잘못이며 엄마를 화나게 했다는 생각에 울면서 용서를 구한다.

이처럼 아이들은 옳고 그름을 판단할 능력이 없기 때문에 무책임한 부모가 책임을 떠넘겨도 그냥 받아들인다. 폭력을 휘두를 정도로 엄마를 화나게 한 자신이 나쁜 사람이라고 생각한다. 아이는 부모와 가정의 붕괴를 모두 자기 탓으로 돌린다. 설령 운이 좋아 어른이 되어 자신을 홀대한 부모가 나쁘고 자기 잘못이 아니라는 사실을 깨달아도 이들이 상처를 치료하는 과정은 여전히 녹록지 않다.

복합성 외상 후 스트레스 장애는 다양한 상황에서 발현해 연약하고, 분노하며, 상처받아 스스로를 보호하기에 급급한 아이로 돌아가게 만든다. 어떤 요소가 자신을 자극하는지 이해하려고 노력해도 상처를 들추는 요인이 너무 많고, 안정감을 느끼게 하는 경험을 하나하나 추리고 재구성하기도 쉽지 않다.

게다가 주변 사람은 이해하지도 못하고, 원인을 제공한 부모가 자식의 상처를 치유하는 데 조력자 역할을 할 가능성도 희박하다. 오히려 2차 가해를 하는 경우가 대부분이다. 어릴 때도 자녀의 감정에 무신경했던 부모는 자신의 감정과 체면을 유지하기 위해 자녀가 성인이 되어서도 더 심한 공격을 퍼붓는다.

동양이든 서양이든 문화적 전통에서는 공통적으로 좋지 않은 일, 특히 부모와 자식 사이에 일어난 안 좋은 일은 과거로 흘려보내야 한다고 강조한다. 소위 흘려보낸다는 것은 더 이상 언급하지 않는다는 뜻이다. 현재 눈앞에 있는 목표에 집중하고 가시적인 성공을 추구하라는 의미다. 하지만 세상이 말하는 성공은 종종 자기 자신을 '좋아 보이게 포장'하는 것일 뿐, 상처로 가득한 내면을 가리거나 치유할 수는 없다. "나쁜 것만 기억한다." 이는 저자가 트라우마를 이겨내려고 애쓸 때 아버지에게 들은 말이다. 유년 시절의 아픔을 간직한 사람 중에는 부모에게 이런 꾸지람을 들은 사람이 적지 않다.

공으로 과를 덮을 수 없는 이유는 무엇일까? 부모는 자식을 낳아 기르고 교육받게 해준 수고로 자기 잘못을 상쇄할 수 있다고 여긴다. 하지만 부모는 공으로 과를 상쇄하는 일을 가해자가 결정할 일이 아니라는 점을 놓치고 있다. 심지어 상처받은 당사자가 결정할 수 있는 것도 아니다. 설령 '부모의 공으로 과를 상쇄하고, 나를 낳아 길러준 부모의 은혜가 하늘보다 크다. 그러니 부모가 내게 저지른 잘못은 잊고 더 이상 언급하지 말자'고 다짐한다 치자. 그렇다고 해서 부모의 홀대로 인해 자신이 여전히 고통받고 있다는 사실을 바꿀 수는 없다.

　사람들은 과거의 일은 과거로 흘려보내라고 한다. 하지만 이게 말처럼 쉽지 않다. 무엇보다 이것이 상처가 아직 치유되지 않은 사람을 비난하는 무기로 쓰여서는 안 된다. 유년 시절에 상처를 입은 사람들이 치유하고자 할 때 부모가 가장 큰 걸림돌이 되는 경우가 허다하다. 자식에게 큰 심리적 상처를 안긴 부모는 당시에 자식이 느낀 감정에 무심했기 때문에 그가 성인이 되어서도 과거에 연연하며 연로한 부모에게 가혹하게 군다고 비난할 가능성이 높다.

　이처럼 안 좋았던 과거를 부정하기에 급급하거나 설령 인정하더라도 자식이 다시 그 일을 들추지 못하게 하는 태도는 사랑받지 못한 기억을 재차 상기시킨다. 그래도 상처를 치유하고 싶다면 자기가 부모에게 사랑받지 못했다는 사실을 받아들여야 한다. 먼저 그 사실을 인정하고 상대방을 바꾸겠다는 생각을 버려야만 자기 잘못을 절대 인정하지 않는 사람에게 공감을 얻으려고 괜히 힘 빼지 않고 자신의 상처를 애도하고 치유하는 데 더 집중할 수 있다. 자신을 치유하는 수많은 사람이 주춤하는 단계가 바로 이 지점이다. 부모가 나를 사랑하지 않는다는 현실을 거부하고 자신이 부족해서 부모에게 사랑받지 못하는 거라고, 내가 더 노력하고 나아지면 된다는 쪽을 믿으려고 하기 때문이다.

앨리스 밀러가 『천재가 될 수밖에 없었던 아이들의 드라마』에서 말한 것처럼, 유년 시절의 그늘이 있는 사람 중 대다수는 성인이 되어 매우 우수한 모습을 보여준다. 보통 사람의 생각처럼 심한 충격을 받아 피폐해지고 삶의 의욕을 잃어버리는 것이 아니다. 그들이 고군분투하는 이유는 부모의 말처럼 자신이 그렇게까지 형편없는 사람이 아님을 증명하고 싶기 때문이다. 그들에게는 자신이 얻지 못한 조건 없는 사랑을 대신해 겉으로 보이는 영광과 칭찬이 노력해서 얻을 수 있는 유일한 보상이 된다.

하지만 칭찬이 진실한 사랑을 대신할 수는 없다. 왜냐하면 칭찬은 조건적이기 때문이다. 찬사를 받아도 이런 사람들 대다수는 즐겁지 않다. 분명 많은 것을 가졌지만 여전히 우울하고 공허하며 무의미하다고 느낀다. 열심히 일하며 생활하거나 다른 사람의 일을 대신 하며 스스로를 바쁘게 굴리지 않으면 오랜 시간 노력했어도 사랑받지 못한 슬픔이 엄습한다.

**세상이 말하는 성공의 동기는 종종 정서적 결핍에서 비롯한다.** 부모가 나를 사랑하게 하려면 내가 매우 우수해야만 하는 것이다. 세상이 말하는 이런 성공 말고도 어떤 사람은 정서적인 관계에서도 '아주아주 좋은 사람'이 되어야 한다고 스스로에게 강요한다. 이들은 무조건적으로 남을 위해 희생하고 인내할 수 있다. 심지어 자신을 평가 절하하는 일도 마다하지 않는다. 안 좋은 환경이나 배우자 곁에서도 마찬가지다. 어려서부터 부모에게 감사할 줄 모르고 남을 위해 희생할 수 없는 사람이라는 말을 자주 들었기 때문이다.

이들은 부모의 평가가 틀렸음을 증명하기 위해 다른 사람이 조금이라도 잘해주면 자신이 받은 더 큰 상처는 못 본 체하려고 노력한다. 지나간 일이나 상처를 잊고 눈앞의 성공을 위해 집중하거나 좋은 인간관계를 유지하는 데 적극적으로 노력해라. 이것이 바로 우리 사회가 상처받은 사람에게 요구하는 것이다.

상처받은 사람이 밝고 긍정적이며 세상이 말하는 성공까지 거두면 왠지 그 사람이 상처를 '극복'하고 상처에서 벗어난 것처럼 보인다. 그러나 실제로는 상처로 인한 괴로움과 후유증이 그 사람의 몸과 잠재의식 속에 여전히 남아 있다.

앨리스 밀러는 몸은 도덕적 구속을 받지 않으며, 진실하고 거짓으로 꾸미지 않는다고 말했다. 상처받은 경험은 우리 뇌와 몸에 남는다. 그 상처가 대물림되어 나뿐만 아니라 그다음 세대까지 무엇 때문에 복합성 외상 후 스트레스 장애가 발현되는지 모르는 상태에서 두려움과 부담감을 느낀다는 사실을 나는 이 책을 읽고 나서야 알게 되었다.

'지금이 좋으면 그만이다', '좋은 것들을 기억하라', '나쁜 것들은 흘려버려라'와 같은 말처럼 과거에 대한 언급을 피한다면 반드시 그 대가를 치러야 한다. 대가를 치르면서 자신이 왜 그렇게 걸핏하면 분노하고 슬퍼하며 두려워하는지 영원히 알지 못하는 사람도 있다. **나를 사랑해야 할 가족에게 받은 상처를 수용하고 인정하는 일은 결코 쉽지 않다. 하지만 아무것도 시도하지 않으면 상처는 평생 남는다.**

혈연은 우연이지만 감정은 인연이고 노력이다. 우리가 '피는 물보다 진하다'라는 말보다 감정은 차곡차곡 성실하게 쌓아야 하며 누군가를 사랑하려면 책임감과 결심이 필요하다는 것을 믿는다면, 유년 시절의 상처를 마주하며 스스로를 애도하고 상처를 치유할 수 있는 사람이 더 많아지지 않을까.

**스스로를 이해하고 보살핀다는 말이 나를 낳아주고 길러준 가정에 감사할 줄 모른다는 뜻은 아니다.** 진심으로 당신을 사랑하는 가족이라면 당신이 진정한 평안을 얻고 상처를 마주하도록 도와준다. 과거에 자신이 저지른 잘못을 회피하고 공격적으로 나올 만큼 부모가 연약해졌을 때, 부모에게 상처받은 내 안의 어린아이는 당신이 누구보다 먼저 스스로 보호하기를 바랄 것이다.

**2장**

# 부모는 가족이자 중요한 '타인'이다

## 부모가 준 상처의 그늘에서
## 벗어나기 위해 가장 먼저 해야 할 일은
## 부모를 타인으로 보는 것이다

언제쯤이면 부모에게 상처받은 아이가 부모의 그늘에서 벗어나 그들의 뜻을 무조건 따르거나 반응하지 않고 독립적인 개인이 될 수 있을까? 우리는 언제쯤이면 부모가 주입한 생각과 감정을 분별해 내 것이 아닌 것들을 내려놓고 내면의 소리에 귀를 기울이며 내 감정을 소중하게 여길 수 있을까? 나와 현실 부모 사이에 혹은 내 의견과 내가 예상하는 부모의 반응이 달라서 충돌이 일어났을 때, 나는 과연 담대히 나답게 사는 쪽을 선택할 수 있을까? 부모의 부정을 곧이곧대로 받아들여 내 생각과 감정이 전부 틀렸다고 수치심을 느끼거나 자책하는 일을 그만둘 수 있을까?

아라이 히후미新井ーニ三는 『엄마는 원래 왕비의 독 사과였다』라는 책에서 그 과정이 얼마나 힘든지를 기록했다. 자녀로서 부모를 부정하는 일, 특히 딸이 엄마를 부정하는 일은 심장의 일부를 도려내는 듯한 고통을 준다고 말했다. 하지만 꾸준히, 끝까지 그 일을 완수해 해방감을 맛본다면 더 이상 가시로 뒤덮인 족쇄에 얽매이지 않을 수 있다.

엄마와의 연결 고리가 끊어졌을 때 사람은 정신적으로나 물리적으로 외로움을 느끼고 망연자실해진다. 마치 뿌리 없는 식물처럼 자신이 여기저기를 떠도는 기분이 든다. 하지만 피는 물보다 진하다는 혈육의 정으로 묶인 엄마와의 연결 고리, 사심 없는 관심과 배려, 온기로 이루어진 그 관계가 전부 상상이며 존재하지 않았다는 걸 깨닫고 고통스러워도 그 사실을 인정한다면 방랑자의 자유로움과 홀가분함을 느낄 수 있다.

책을 읽으면서 인상 깊었던 부분이 많았다. 저자가 아이를 낳았을 때 보통 사람과는 다른 엄마의 반응이 특히 인상적이었다. 저자의 엄마는 원래 딸의 기분을 신경 쓰지 않았다. 그녀의 임신 사실을 알았을 때도 함께 기뻐하지 않았다. 이전과 다름없이 거짓으로 일관하고 딸의 얼굴을 보는 것조차 귀찮아했다. 그런데 저자의 시댁 식구들이 온다는 소식을 듣자 서둘러 딸의 집에 와서 손자를 애지중지하는 외할머니 모습을 연출했다. 책 내용만 봐서는 딸을 아끼는 모습까지 연기했는지는 알 수 없다. 어쨌든 저자는 엄마가 전화해서 쌀쌀맞게 "나 찾아올 생각만 하지 마"라는 말을 했을 때 침대 머리맡에 앉아 조용히 다짐했다. 이제부터 엄마는 연기가 일상인 할머니이며 먼 친척이라고 말이다. "나는 내 마음속의 어머니와 영원히 이별했다."

보통 사람은 엄마를 연기가 일상인 할머니라고 말하는 건 엄마에 대한 모욕이라고 생각할지 모른다. 하지만 이 책을 다 읽고 '세상에 나쁜 부모는 없다. 자기 자식을 사랑하지 않는 부모는 없다. 특히 자식을 사랑하지 않는 엄마는 없다'라는 미신에서 벗어나 저자 엄마의 일거수일투족을 바라본다면 저자의 말이 객관적인 묘사에 불과하다는 걸 알 수 있다.

엄마를 이런 식으로 묘사하고 결론 내리는 일이 어떤 면에서 상처 치유 효과가 있는 것일까? 그것은 엄마에게 받은 상처에서 벗어나 회복하는 모습이 아닌, 마치 영웅의 여정을 떠나는 고아처럼 이제는 더 이상 엄마에게 자기가 생각하는 이상적인 엄마의 역할을 기대하지 않겠다고 선포하는 데 있다고 생각한다.

**상처 치유는 그 상처의 깊이를 인정하는 데에서 시작한다.** 엄마는 연기가 일상인 할머니이고 평범한 엄마처럼 저자에게 관심을 가지거나 그녀의 감정에 신경 쓰지 않는다. 이렇게 엄마가 한 모든 행동과 혈연적으로 '그녀는 우리 엄마다'라는 사실을 따로 분리해서 취급하면, 엄마의 태도를 이해할 수 없고 '엄마의 사랑'이라는 말만 들어도 괴로우며 비뚤어진 생각에 사로잡히는 자녀에게는 확실히 위로가 된다.

엄마와 관계가 좋은 사람은 이해할 수 없는 고통도 있다. 엄마에게 받아야 할 사랑을 받지 못하고, 오히려 공격받고 부정당하며 이용당하고 통제받은 자녀는 상대가 엄마라는 이유로 더 큰 영향을 받는다. 실망, 슬픔, 분노도 배가되지만 그보다 자신의 가치를 평가 절하한다는 것이 더 심각한 고통을 안긴다. 나에게 상처를 주는 사람이 다름 아닌 엄마이기 때문이다.

만약 아라이 히후미의 엄마처럼 냉담하고 거리감이 느껴지는 태도로 나를 대하는 친구가 있다면 아마 대부분 덤덤하게 받아들일 것이다. 그리고 그 친구에게 '너는 같이 어울리기 어렵고, 다른 사람의 마음을 잘 이해하지 못하며, 쌀쌀맞고, 남에게 별로 관심이 없다'는 등의 말을 할 수 있다. 요컨대, 상대방이 상식에 어긋나는 태도로 나를 대한다면 그 사람과 얽히지 않으려고 노력하고 어울리기 힘든 사람이니 거리를 두어야겠다고 다짐할 수 있다.

우리는 부모가 아닌 다른 사람의 잘못된 태도에 대해서는 그게 그 사람의 문제인지 아니면 나한테 문제가 있는지 분별할 수 있다. 다시 말해 상대의 문제적 언행과 나의 가치를 분리할 수 있는 것이다. 스스로 부끄럽지 않다고 판단하면 타인에게 무관심하고 냉담한 사람이 세상에 존재한다는 사실을 덤덤하게 받아들일 수 있다.

하지만 그 상대가 부모라면 이야기가 달라진다. **부모에게 홀대받은 사람들은 입으로는 그 일을 더 이상 가슴에 담아두지 않는다고 말하지만, 마음속으로는 평생 자신의 가치를 의심한다.** 내게 문제가 있지는 않은지, 내가 충분히 좋은 사람이 아니거나 잘못한 건 아닌지, 그리고 그 잘못이 극악무도한 것은 아닌지 의심한다. 세상 사람이 말하는 것처럼 마땅히 자식을 사랑해야 하는 부모가 그래서 나에게 그런 태도를 보였나 하는 의심 말이다.

부모와 자식이라는 연결 고리를 끊어낼 수 없기에 부모의 행동은 열등감, 자기 비하, 자기 공격과 같은 일련의 연쇄 반응을 일으킨다. 성격이 미성숙하고 사이코패스 같은 부모가 저지른 그릇된 행동이 분명하지만, 내가 잘못해서 부모가 나를 사랑할 수 없다는 자기 회의에 빠져 부모의 그늘에서 벗어나지 못하기도 한다.

마음에서 엄마를 멀리 떠나보내고 '연기가 일상인 할머니'라 부르며 심리적 거리를 둔 것은 오랫동안 엄마에게 구속받으며 외모, 성격, 일 처리 등 모든 면에서 스스로를 의심하던 딸이 저주에서 벗어나겠다는 일종의 선언이었다고 아라이 히후미는 말한다. 『엄마는 원래 왕비의 독 사과였다』라는 책 제

목에서 나는 그런 암시를 받았다. 어떤 부모는 자녀를 사랑할 수 있는 사람이었던 적이 단 한 번도 없다. 그들은 그저 자녀를 도구 삼아 나만의 작은 왕국을 건설했을 뿐이다. 이 왕국에서는 엄마가 자녀를 이용해도 선의로 포장되고, 악의적으로 비난하고 평가 절하해도 '그게 다 너를 위해서다'라고 말한다. 어떤 엄마들은 철저히 본인 위주라서 자녀를 마음대로 쥐고 흔들며 아들과 딸 사이를 이간질해 서로 이해하고 응원하지 못하게 만든다. 자식은 그런 엄마의 사랑을 독차지하려고 비위를 맞추며 형제·자매를 적으로 돌린다.

이런 엄마와 심리적 거리를 유지하는 첫걸음은 호칭을 바꾸는 것이다. 마음속으로 엄마에게 '연기가 일상인 할머니'라는 호칭을 붙였을 때, 저자는 분명 씁쓸함을 넘어 괴로움을 느꼈을 테다. 하지만 그 괴로움은 엄마가 지배하는 왕국에서 벗어나기 위해 반드시 거쳐야 하는 가시밭길이다. 엄마에게 더 이상 이상적인 엄마의 모습을 기대하지 않기로 결심한 순간부터는 나에 대한 타인의 의견과 내 생각으로 늘 마음속에 존재하던 딸인 나를 조종하고 부정하던 엄마의 자리를 대신해야 한다.

부모의 언행을 객관적으로 바라보고 진정으로 '부모도 사람이다'라는 말을 제대로 정의하려면 부모와 자녀가 사람들이 관계를 정의하고 서술할 때 사용하는 일종의 역할 호칭에 불과하며, **그 역할을 제외하면 영원히 독립적으로 존재하는 개인**이라는 사실을 인정해야 한다.

'엄마'라는 호칭으로 불린다고 해서 모성애가 있는 것도 아니고 마찬가지로 '아빠'로 불린다고 해서 부성애로 자녀를 대하는 법을 이해할 수 있는 것도 아니다. 부모에게 상처받은 자녀는 부모를 독립적인 개인으로 바라보고 자신도 그들에게 이래라저래라 할 수 있어야 한다. 더불어 자신이 정상적으로 희로애락을 느끼고, 상대가 부모라고 해서 일부러 그들의 언행을 미화하지 않으며, 그들의 비난을 곧이곧대로 받아들이지 않아도 된다는 것을 허용할 줄 알아야 한다. 어느 정도 객관성을 유지해야만 진정으로 독립적인 개체가 될 수 있다.

아라이 히후미가 경험한 것처럼 그녀의 엄마가 '연기가 일상인 할머니'라는 호칭에 걸맞게 행동했다면, 솔직하게 말한들 무슨 문제가 있겠는가? 상대가 엄마라는 이유로 남들이 싫어할 만한 말과 행동에 반드시 선한 동기가 숨어 있다고 가정할 필요가 있을까?

**세상 사람들은 항상 아이에게 사실을 왜곡하고, 나와 남을 속이면서까지 부모가 준 상처는 상처가 아니라 가시로 포장한 축복으로 여기라고 강요한다.** 하지만 부모의 행동이 절대적으로 선의에서 비롯했다는 이 필터를 벗기고 일부 부모가 아이를 대하는 방식을 객관적으로 바라본다면, 누가 봐도 상처이고 이기적이며 미화할 여지가 전혀 없는 상처가 있다는 사실을 알게 된다.

부모에게 상처받은 자녀에게 '부모는 절대 너를 해치지 않는다'라는 말을 믿게 하는 것은 그들이 부모에게 받은 상처의 그늘에서 더욱 벗어나기 어렵게 만들 뿐이다. 자신이 받은 홀대 안에도 사랑이 있을 거라 애써 믿으며 필사적으로 자신을 설득하려고 했기 때문에 사랑이 무엇인지를 생각하면 마음이 혼란하고, 사랑하면 어떻게 행동해야 하는지 정확하게 배울 수 없다.

부모를 부모가 아닌 '타인'으로 대하기는 매우 어렵지만, 부모에게 상처받은 자녀라면 꼭 해야만 한다. 이렇게 하지 않으면 이해할 수 없는 문제, 즉 '부모인데 왜 나를 그렇게 대할까?', '내가 대체 뭘 잘못했을까?', '나는 왜 그렇게 다른 사람의 미움을 샀을까'와 같은 고민을 하는 데 남은 인생을 전부 허비해야 하기 때문이다.

이런 문제들은 기본적으로 이해가 불가능하다. 어쩌면 부모도 자녀를 대하는 자신의 태도에 문제가 있다는 사실을 알아차리지 못할 수 있다. 인격적으로 문제가 있는 부모라면 더더욱 자신이 이상하다는 걸 자각하기 어렵다. 비정상적인 사람 곁에서 그의 논리를 이해하고 따라가려고 하다 보면 무엇이 정상인지 기준을 잃어버릴 수 있다. 거리를 두면서 정신적으로나 물리적으로 분리되어 나에게 이 사람은 부모가 아니라 혈연관계로 묶인 '남'일 뿐이라고 생각해야만 문제의 원인이 내가 아님을 객관적으로 바라보고 부모에게 더 이상 상처받지 않으며 스스로를 보호할 수 있다.

대개 자녀를 사랑하지 않는 부모는 자신이 자식을 '사랑하지 않는다'는 걸 분명하게 느끼지 못한다. 아니, 자식을 사랑하지 않는다는 사실을 절대 인정하지 않는다고 말해야 옳다. 그들은 틀림없이 자신의 부당한 언행을 자녀 탓으로 돌릴 것이다. 왜냐하면 사람들은 모성애나 부성애가 없는데 부모가 되기로 한 사람을 극소수의 특별하고 이상한 냉혈한이나 잔혹한 사람으로 오랫동안 묘사해왔기 때문이다. 자신이 그런 소수에 속한다고 인정할 사람이 어디 있겠는가? 하물며 사이코패스, 나르시시스트, 통제광, 허언증 환자 등은 더더욱 자신이 이상하다는 걸 인지하지 못한다.

**자녀를 사랑하지 않는 매정한 이미지는 매우 희소하고 이해할 수 없는 외계인이나 괴물처럼 묘사된다. 이것과 대비되는 것이 바로 '모든 부모는 자녀를 사랑한다'이다. 그 사랑은 가장 위대하고 사심이 없는 일종의 신앙이자 미신이다.** 스스로 매정한 부모라고 인정하는 사람은 아무도 없다. 매정한 부모조차 자신이 매정하다는 사실을 인지하지 못한다. '모든 부모는 자녀를 사랑한다'라는 미신은 자녀를 사랑하지 않는 부모에게 주는 면죄

부와 다름없다. '무슨 일이 있어도' 자신이 자녀를 사랑한다는 걸 나와 다른 사람에게 알릴 수 있는 면죄부 말이다. 자녀를 다치게 하고 무시하거나 이용하며 쌀쌀맞게 대하는 등 내가 무슨 짓을 해도 자녀에 대한 나의 사랑은 의심할 여지가 없다는 뜻이다.

우리 사회는 이상한 부모가 있다는 사실을 믿으려고 하지 않는다. 그래서 자격 없는 부모의 행태를 가급적 축소하려고 한다. 한편 이상한 사람은 자기가 이상하다는 걸 인정하지 않고 오히려 그렇게 말하는 사람에게 문제가 있다고 주변 사람을 세뇌한다. 이런 환경에서 나고 자란 아이들은 부모의 암시와 세뇌로 인해 자신을 부정하는 부모에게서 벗어나 본인의 가치를 재구축하기가 더욱 어렵다.

따라서 아라이 히후미의 '할머니'라는 호칭은 대충 붙인 듯 보여도 책 전체를 관통하는 핵심이다. 엄마라는 호칭이 '남'으로 변하면서 그녀와 '그 사람'의 관계도 모녀에서 먼 친척으로 변했다. 이를 기점으로 그녀는 엄마에 대한 기대를 내려놓고 자신은 태어날 때부터 엄마의 사랑을 받지 못했으며 앞으로도 이상적인 엄마는 가질 수 없다는 사실을 인정했다. 엄마의 사랑이 딸에게 얼마나 중요한지, 그래서 엄마의 사랑을 받지 못한 딸이 얼마나 외로울지를 알기에 나는 이런 결정을 내리기까지 그녀가 겪었을 고충이 느껴져 가슴 깊이 탄복했다.

존재하지 않는 엄마의 사랑을 좇지 않기로 결심한 심정은 매우 절망적일 것이다. 하지만 죽기 살기로 각오하면 살 수 있다는 말처럼, 엄청난 고통을 견디며 내려놓기로 결정한다면 분명 다시 살아갈 새 힘을 얻을 것이다.

## 내가 무조건 옳다고 여기는 것은 자녀의 독립을 가로막는다

'자녀의 성숙'과 '스스로 자신 있게 나는 좋은 부모라고 말할 수 있는 것', 만약 이 두 가지 중 하나만 선택할 수 있다면 부모는 과연 어느 쪽을 선택할까? 아마도 많은 부모가 스스로 좋은 부모가 되기를 바라며 후자를 선택하지 않을까.

우리는 자녀가 철이 들면 나를 좋은 부모로 인정해주리라고 착각한다. 만약 자녀가 부모를 비난하면, 설령 그게 평가가 아니라 단순히 부모가 원하던 인정을 해주지 않은 것에 불과하더라도 자녀가 아직 철이 덜 들어서 감사할 줄 모른다는 듯이 말한다. 여기서 부모가 말하는 감사란 찬사를 뜻한다. 하지만 사실 이 두 가지는 서로 전혀 관련성이 없다.

나와 대상의 관계에 영향을 받지 않고, 그 대상이 수행하는 역할의 장단점을 제대로 파악하며, 어떤 일을 바라볼 때 객관적인 거리를 유지하는 태도는 성숙해지기 위해 반드시 필요하다. 하지만 이것이 독립적이고 성숙한 자녀가 부모에게 가장 심한 비난을 쏟아내는 것을 의미한다면 받아들이지 못하는 부모가 적지 않을 것이다. 심지어 무의식중에 자녀가 영원히 성숙하지 않기를 바라는 부모가 있을지도 모를 일이다.

자녀에게 자신의 권위가 위협받을까 봐 두려워하는 부모는 자녀가 평생 덜 성숙하고 덜 독립적이며 부모 없이 살 수 없는 사람이 되기를 무의식중에 바란다. 그런데 자기 자식이 누가 봐도 유치하고, 말과 행동이 미성숙하며, 부모에게 잘 못 배워서 성숙한 어른이 되지 못했다는 평가를 실제로 듣게 되면 부모의 속은 말이 아닐 것이다. 잘 가르쳐서 자녀를 주관이 있는 사람으로 키워내는 것은 부모의 공이고 자랑이다. 하지만 그 능력으로 부모의 잘못을 들추며 부모가 받아들이기 어려운 의견을 내는 것은 또 다른 차원의 문제다.

나는 일기장을 들추다 고등학교 때 쓴 글을 발견했다. "부모님은 내가 독립적이고 주관 있는 사람이 되기를 바란다. 그런데 내가 두 분의 생각과 다른 의견을 내기라도 하면 고개를 설레설레 흔들면서 너는 아무것도 모른다는 듯한 태도로 '완전히 틀렸어'라고 말한다."

오래전 일인데도 완전히 틀렸다고 말하던 부모님의 어투와 표정이 지금도 눈앞에 선하다. 아마 그런 적이 한두 번이 아니라서 그럴 것이다. 그때마다 나는 내가 정말 아무것도 모른다는 생각에 자괴감이 들었다. 내가 반박하지 않은 이유는 부모님 앞에서는 늘 어린아이가 된 듯 두 분 말이 무조건 옳다고 믿었기 때문일 것이다. 아니면 내심 부모님에게 반박하면 논쟁이 끝나지 않는다는 걸 알아서 그랬는지도 모른다. 부모님을 설득한 적이 한 번도 없고, 내가 그렇게까지 말도 안 되게 잘못한 것은 아니라고 부모님을 납득시키는 일조차 성공한 적이 없다.

하지만 나는 여전히 '부모는 자식이 자기 주관이 뚜렷한 사람이 되기를 바란다'라는 말이 그저 내 의견에 자녀가 먼저 발 벗고 나서서 동조해주기를 바란다는 뜻이 아닐까 의심스럽다. 부모는 자녀가 아직 어리기 때문에 맹목적이고 무조건적으로 자신을 따르는 인정이나 긍정을 바라는 게 아니다. 성인이 되어서도 여전히 부모가 옳다고 생각하는, 거의 사회적 관념을 대신할 정도의 인정과 긍정을 바란다. 부모는 스스로를 떳떳하게 여기거나 인정하지는 못하면서 왜 자녀의 찬사를 갈구할까? 더군다나 그런 찬사는 반드시 복종을 동반한다. 나는 당신을 인정하고 긍정하며 그 생각이 옳다고 여기기 때문에 당신 뜻대로 하겠다는 복종 말이다.

요즘 부모는 부모와 자식이 상하 관계이면 안 된다는 걸 알고 있다. 특히 자녀가 성인이 되면 이상적인 부모와 자식 관계는 성인 대 성인으로 맺어진 대등한 관계여야 한다. 그런데 머리로는 알아도 마음으로는 자기 자식을 대등한 위치에서 마주하기가 어렵다. 그래서 부모이기 때문이라서가 아니라고 강조하고 자식에 대한 자신의 요구가 권위에서 비롯한 것이 아니라 그저 내가 옳고 네가 틀리니 나에게 복종해야 한다는 논리를 내세우면서 태도를 바꾼다. 권위로 자녀를 통제하던 이전 세대와 다르기는 하지만, 권위를 내세우지 않아도 자식이 권위 앞에 마땅히 보여야 할 태도를 알아서 보여주었으면 하는 것이다.

나는 이전 세대의 갈등 중 일부가 지금 우리 세대까지 계속되는 이유가 여기에 있다고 본다. 자녀가 독립적이고 성숙하기를 바라면서 동시에 본인을 좋은 부모로 평가하기를 바란다. 게다가 그 평가는 반드시 자녀의 복종을 통해 달성되어야 한다. 이는 수많은 사람이 입 밖에 꺼내지는 않지만 분명히 존재하는 희망 사항이다. 이런 모순도 자녀에게는 부담이 될 수 있다. 겉으로는 부모가 선택권을 주는 것처럼 보여도 부모가 정한 한계를 뛰어넘을 수는 없다. 이를 어겼다가는 자녀의 반박을 거부하는 부모에게 일종의 부정으로 받아들여질 수 있다.

**'눈 가리고 아웅' 식의 자기만족 욕구를 내려놓고 진심으로 자녀를 독립적인 개인으로 존중**하려면 자녀가 조금이라도 어렸을 때 스스로 이런 마음을 먹는 연습을 해야 한다. 자녀가 내 의견에 동의하지 않는 건 정상이며 틀린 게 아니라고 말이다. 어떻게 내가 평생 옳은 말만 하며 살 수 있겠는가? 자기 말이 무조건 옳다고 여기는 부모보다 자녀의 마음을 무겁게 짓누르는 존재는 없다. 이런 부모를 둔 자녀는 독립적이고 성숙해지는 법도 배워야 하고, 부모 앞에서는 그들이 늘 자신보다 한발 앞서 있다는 인상을 주도록 연기하는 법도 배워야 한다. 이런 생각을 할 만큼 성숙한 사람이라도 자칫 잘못해서 자신의 의견이 부모와 다르다는 걸 드러냈다가는 평생 충돌과 마찰을 피할 수 없다.

부모는 자녀가 어릴 때부터 반박당하는 연습을 하고 습관을 들여야 한다. 그리고 의견은 의견에 불과하며 타인의 입장에서 보면 관점은 언제든 바뀔 수 있다는 사실을 깨달아야 한다. 다른 사람과 생각을 교류하고 서로 존중받는다는 느낌을 받으려면 양측 모두 자신이 '절대적으로 옳다'는 생각을 버려야 한다.

어린 자녀는 부모를 거의 무조건적으로 인정한다. 겉으로는 반항하고 말대꾸해도 속으로는 부모와의 대립을 주저한다. 아직 보살핌이 필요한 자녀를 둔 부모는 보호자이고 자식과 능력이 대등하지 않기 때문에 자녀에게 복종을 요구할 가능성이 더 크다.

하지만 진심으로 자녀가 독립적인 개체로 성장해 스스로 생각하고 선택하며 자신을 책임질 수 있는 힘을 키우길 바란다면 **자녀의 무조건적인 인정을 부모로서의 가치를 느끼는 유일한 원천으로 삼아서는 안 된다.** 나와 자녀의 의견이 달라지는 때가 언젠가 반드시 찾아오기 때문이다. 부모는 본인 스스로를 인정하는 한편 상대방에게 맹목적으로 복종하지 않고 맹목적인 복종을 요구하지 않는 법을 배워야 한다.

# 타인에게 가장 말하기 힘든 고통은 자기애성 인격 장애가 있는 부모의 존재다

가장 자녀를 혼자서 끙끙 앓게 만드는 부모는 어떤 부모일까? 나는 개인적으로 자기애가 강한 부모라고 생각한다. 눈에 보이는 육체적·정신적 학대에 비해 자기애성 인격 장애가 있는 사람과 함께 지내는 것, 심지어 그런 사람과 부부든 부모와 자식이든 가족인 당사자가 느끼는 고통은 제삼자가 이해하기 더욱 어렵다. 이런 유형의 사람 대다수가 상당히 매력적이기 때문이다. 대외적으로 좋은 모습을 보여주는 데 서툰 사람도 있지만, 자기애성 인격 장애와 연극성 인격 장애가 합쳐진 사람은 대부분 타인에게 어떻게 하면 자신의 가장 좋은 모습을 보여줄 수 있는지 훤히 잘 안다.

이들에게는 독특한 세계관이 있다. 그 세계에서 자신은 모든 사람의 관심을 받는 대상이다. 자녀나 배우자에게 관심을 주기는 하지만 그들의 방식은 이러하다. 자신은 항성이고 다른 사람은 행성으로서 나를 중심으로 돌아야 한다.

제삼자에게 이런 고통을 이해시키기란 쉽지 않다. 자기애성 인격 장애가 있는 사람이 다른 사람에게 자기가 옳다고 설득하는 데 능해서일 수도 있다. 다른 한편으로는 한집에서 얼마나 많은 사람이 상처받지 않기 위해 자기애성 인격 장애인 사람의 연기에 장단을 맞춰주고 있는지를 제삼자는 알기 어려워서일 수도 있다. '기분 나쁘면 거절하면 되는 거 아니야?', '그 사람들이 그런 행동을 하는 건 너를 위해서이기도 하잖아?' 사정을 잘 모르는 제삼자는 자기애성 인격 장애가 있는 사람이 배우자나 자녀와 함께 있는 모습을 봤을 때 고통받는 사람의 처지를 이해하기 어려울 수도 있다.

타인의 눈에는 정말 좋은 사람이고 심지어 남들보다 더 훌륭한 사람처럼 보이기에 그 고통을 아는 사람은 오로지 당사자뿐이다. 겉보기에는 정상이고 심지어 남들보다 이미지가 좋은 이런 유형은 누군가 본인이 만족스럽게 여기는 상태를 깨트리면 일반인을 화나게 할 때보다 더 끔찍한 결과를 보여준다는 사실을 말이다.

이런 가정 환경에서 자랐거나 이런 유형의 배우자와 오랫동안 생활하다 보면 자기 감정에 대해 의구심이 생긴다. 남들이 말하는 것처럼 자신의 배우자나 부모가 정말 좋은 사람이라면 나는 왜 항상 이렇게 괴로운지, 그(그녀)와 소통할 때마다 왜 이리 가슴이 무너지는지 의문이 든다.

우리는 제삼자로서 누군가를 평가할 때, 집 밖에서 사람들과 지내는 모습만으로는 그가 집에서 어떻게 행동하는지 확인할 수 없다는 걸 알아야 한다. 사람은 누구나 겉모습과 내면이 다르기 때문에 가족과 남을 대하는 태도가 달라질 수밖에 없다. 누구를 대하든 언제나 한결같은 사람이 가장 이상적이다. 내가 아는 모습이 진짜라고 믿을 수 있기 때문이다. 그런데 가족과 남을 대하는 태도가 다르고, 심지어 그 정도가 정상적인 범위를 넘어선다면 가족은 큰 고통을 받을지도 모른다.

가족보다 친구한테 더 잘하고 밖에서는 좋은 부모, 좋은 배우자의 모습을 보여주면서 집에만 오면 딴사람이 되는 이가 과연 영화나 드라마에만 존재할까? 실제로 이런 특수한 인격을 가진 사람이 생각보다 많다. 따라서 부모 자식 관계든 아니면 부부 사이든 남의 집 일에 대해서는 제삼자가 섣불리 판단해서는 안 된다. 무엇보다 모든 가족 구성원에게 자기애성 인격 장애인 사람에 대한 자신의 솔직한 생각과 감정을 이야기할 수 있는 기회를 주는 것이 중요하다.

예전에 여자친구의 신발 끈을 묶어주려고 무릎까지 꿇는

사람을 본 적이 있다. 그는 여자친구가 쇼핑을 마칠 때까지 가방과 겉옷을 들어주며 참을성 있게 기다려주었다. 남자친구의 마음이 참 넓다고 많은 사람이 칭찬했었는데, 두 사람이 헤어지고 몇 년이 지나서야 여자친구였던 사람이 담담하게 말했다. 사실 두 사람이 동거하는 동안 가장 많은 일을 했음에도 제일 인정받지 못한 사람이 그녀 자신이었다고 말이다.

집에서는 뚱한 표정으로 얘기도 잘 안 하면서 밖에서는 여자친구가 원하면 무엇이든 다 들어준다고 말했다. 늘 반농담조로 여자친구가 무서워서 자기가 꼼짝을 못 한다던 사람이 집에서는 무슨 일을 하든 여자친구가 자기 말을 따라야 하고 거역하면 성질을 부렸다고 한다. 남들이 보든 말든 밖에서 자신의 신발 끈을 묶으려고 무릎 꿇는 행동은 하지 말라며 여자친구가 말려도 끝까지 그것을 고집한 이유는 '좋은 남자'라는 평가를 듣기 위해서였다. 그것 때문에 말도 못하게 괴롭지만 괴롭다고 말할 수가 없었다. 다툼이 생기면 상대방은 "내가 너한테 부족하게 해준 게 뭐야? 나만큼 너한테 잘하는 사람이 있으면 나와보라고 해!"라고 말했다.

그렇게 해달라고 여자친구가 요구한 것도 아니었다. 여자친구는 오직 상대가 자기 생각과 감정을 존중해주기만을 바랐지만, 상대방은 여전히 자신의 각본을 고집했다. '나는 여자친구를 위해 이런 일도 마다하지 않는 사람이다. 나처럼 훌륭한

남자친구를 가졌으면서도 만족하지 못하는 여자친구가 잘못된 것이다.'

평행선을 달리는 듯한 말다툼은 끝날 줄을 몰랐다. 상대방은 자기 내면에만 갇혀 자신이 이렇게만 하면 좋은 남자이고 여자친구가 트집을 잡으면 안 된다고 굳게 믿었다. 그는 자신의 세계관과 맞지 않는 말에는 아예 눈과 귀를 닫았다. 독선적이다, 다른 사람을 존중하지 않는다, 너는 본인이 생각하는 것처럼 완벽하지 않다고 비난하는 날에는 지뢰를 밟은 것처럼 폭발했다. 자신의 내면세계에서 그는 언제나 평범한 사람이 아니라 완벽하고 타인의 찬사를 받아야 마땅한 인물이었기 때문이다.

자기애성 인격 장애가 있는 부모가 자녀를 대하는 방식도 이와 매우 유사하다. 다른 사람 눈에는 그들이 자식을 위해 기꺼이 희생하고 자녀와 화기애애하게 잘 지내는 듯 보인다. 하지만 제삼자는 알 길이 없다. **자기애성 인격 장애인 사람들은 어느 정도 동조해주고 자신이 정말 훌륭한 사람인 것처럼 보이게 하는 연기에 동참해줄 때는 분명히 어울리기 좋은 사람이다. 자기의 감정을 해치거나 체면을 구기지만 않는다면 말이다.**

실제로 그들의 자기 감정은 너무 나약해서 남이 나와 의견이 다른 걸 용납하지 않는다. 물론 겉으로 보이는 훈훈한 장면들이 사실일 수도 있다. 하지만 약간이라도 의견 충돌이 일어날 경우, 특히 자신의 제안이 거부당하면 좋았던 모든 걸 모조리 뒤집어엎을 수 있다. 그들에게는 자기 감정을 보호하는 일이 최우선 목표다.

자녀가 어릴 때는 화목하게 지내기가 나름 수월하지만, 사춘기에 접어들고 주관이 뚜렷해지면 부모와 자식 사이에 충돌이 발생한다. 사춘기 자녀는 가족에게 큰 도전과 같다. 하지만 사춘기 자녀와 부모의 대립은 자녀가 부모의 권위에서 벗어나 독립적이고 자주적인 방향으로 나아가기 위해 반드시 거쳐야 하는 과정이다. **부모 입장에서는 자녀가 자신의 뜻을 거역하고 덤비며 격하게 부딪히기라도 하면 심적으로 피로울 수 있다. 하지만 이런 단계를 거치지 않고 자녀가 부모에게 한 번도 반항하지 않는다면 겉으로는 평온하게 보일지언정 내면은 시한폭탄처럼 위태로운 상태일지 모른다.**

자녀가 부모와 대립하지 않는 데는 크게 두 가지 가능성이 있다. 첫째, 집안이 심각한 어려움에 처한 경우다. 살아남기 위해 자녀는 일찌감치 철이 들어 애어른이 되고, 부모는 가정에서 권위를 잃고 오히려 보살핌을 받아야 하는 대상이 되어 자녀가 부모의 권위에 대항하는 일이 발생하지 않는다.

둘째, 부모의 권위가 지나치게 부풀려졌거나 아이가 지나칠 정도로 연약한 경우다. 부모에 대한 반항은 원가족에서 벗어나 주관대로 사회에 발붙일 가능성을 탐색하기 위한 시도인데, 앞서 말한 이유로 부모에게서 독립하는 일이 상상에만 그칠 뿐 실행에는 옮기지 못하게 된다.

**자기애성 인격 장애가 있는 부모의 자녀들은 대부분 고분고분 말을 잘 듣는다. 부모의 환심을 사려면 부모가 자신을 볼 때 본인이 기대한 모습 그대로라고 느끼게 하는 것보다 중요한 일은 없다고 어렸을 때부터 경험했기 때문이다.**

자녀는 원래 부모의 방식에 도전을 거듭하며 부모의 통제에서 벗어나 독립할 방법을 모색한다. 하지만 자기애성 인격 장애를 가진 사람들은 도전을 용납하지 않는다. 만약 당신이 그들의 자기 감정에 도전한다면 그건 마치 "당신은 본인 생각처럼 그렇게 완벽한 사람이 아니다"라고 말하는 것과 같다. 그러면 그들은 다양한 수단으로 그 사실을 부정할 것이다.

딸과 의견 충돌이 있을 때마다 몸져눕는 친구 어머니가 있었다. 딸이 자기 뜻대로 하지 않고 자신의 호의를 받아들이지 않으면 온화하고 배려심이 넘치던 엄마에서 극도로 딸을 미워하고 원망하는 사람으로 돌변했다. 딸의 거절은 곧 자신의 극본을 따르지 않겠다는 것을 의미했다. 이는 자기가 생각하는 세상이 유일한 세상이라고 믿는 그녀가 절대 받아들일 수 없는 일이었다. 친구 어머니는 주변 사람에게 딸이 자신의 제안을 거절했다는 사실을 심각한 일처럼 부풀리고 딸에게 분노하며 실망감을 드러냈다. "내가 다 너 생각해서 한 일인데 고마운

줄 모르고 거절해?" 그러면서 남들 앞에서는 딸에게 상처받아 가슴이 찢어져 밤잠도 못 이루는 모습을 연출했다.

　주변 사람들은 우울해하는 엄마를 보며 당연히 딸이 잘못했다고 생각했다. "어찌 됐든 엄마가 다 널 위해서 한 일인데 그렇게 거절하는 건 도리가 아니지……." 이런 식으로 **자기애성 인격 장애인 부모에게 상처받은 자녀는 연기에 능한 부모의 농간으로 평생 입이 열 개라도 할 말이 없는 처지가 되고, 남들 눈에는 이 관계의 가해자처럼 보일 수밖에 없다.** 자기애성 인격 장애인 부모가 거절을 용납하지 않는 그 '호의'는 사실 자녀가 부모의 손아귀에서 벗어나지 못하게 하는 수단이지만, 겉으로는 그렇게 보이지 않기 때문에 남에게 설명하기 어렵다. 특히 지금 우리 사회가 아니, 어쩌면 거의 대다수 사회가 '세상에 나쁜 부모는 없다'라는 말을 믿기 때문이다. 부모가 무슨 일을 하든 그게 다 자녀를 위하는 선의에서 비롯했다고 이해한다. 이러한 사회적 환경은 자녀를 이용하고 자기가 생각한 이상적인 부모의 모습을 잘 연기하고 있다며 자아도취에 빠진 사람이 쉽게 지지와 응원을 받게 한다.

　정도의 차이는 있지만 모든 사람에게는 자기애적인 부분이 있다. 사람은 언제나 자신이 옳고 훌륭하다고 여기며 자기 생각이 타인의 반대에 부딪히거나 비난받지 않기를 바란다. 하지만 정신적으로 성숙한 사람은 자신이 항상 옳을 수 없다는 사실을 안다.

자기애성 인격 장애가 있는 사람은 유아기를 벗어나지 못한 아이처럼 미성숙하다. 생리적인 나이가 몇 살이든 남에게 인정받아야 하고, 남들이 나를 중심으로 움직여야 한다는 그들의 사고방식은 주변 사람에게 남들이 이해하지 못하는 고통을 안겨줄 뿐이다.

# 역할 기대는
# 자기 자신과 자녀에 대한
# 구속이다

부모는 자녀에게 '감사하다'는 말을 기대하고, 자녀는 부모에게 '미안하다'는 말을 기대한다. 어떤 사람은 이 말을 가지고 이전 세대인 부모와 자식의 관계를 설명하기도 한다. 출처는 확실하지 않지만 여기저기에 퍼지며 공감하는 사람이 많았다.

부모는 자식이 감사할 줄 모른다고 생각하고, 자녀는 부모가 자신이 받은 상처를 이해하지 못한다고 생각한다. 양측의 견해는 한 천체의 양극단처럼 멀리 떨어져 있다. 분명 한 지붕 아래서 항상 같이 생활하지만 서로 상대가 나를 어떤 심정으로 대하는지는 이해하기 어려운 것이다.

부모와 자식은 서로 자기가 억울하다고 생각한다. 원하는 것이 사과든 감사든 간에 왜 그런 일이 발생했는지 이해하지 못하면 그것을 이룰 수 없다. 왜 양쪽 다 자기가 억울하다고 느낄까? 부모라면 이렇게 해야 하고 자녀라면 이렇게 해야 한다는 식으로 부모와 자식 모두 역할 연기에 지나치게 몰입한 나머지 실제보다 형식이 더 중요한 관계로 변했기 때문이 아닐까. 원래는 사랑하기만 해도 충분한 관계인데 말이다. 열심히 사랑하고 사랑이 무엇인지 배우며 보살피고 책임지며 존중하고 이해하는, 사랑이 돌고 도는 관계에서는 만족감을 느낄 수밖에 없다. 그리고 만족하는 상태에서는 감사나 사과가 불필요하다.

하지만 우리 사회에는 부모는 이래야 하고, 자녀는 저래야 한다는 규범과 가치가 너무도 많다. 우리는 이 두 가지를 합쳐 윤리라고 부른다. 이 윤리로 인해 사랑하는 법은 모르면서 그저 윤리 규범에 맞추려고만 애쓰고, '부모와 자식다운 모습'을 보여주기 위해 노력할 줄만 아는 사람이 많은 것이다. 이러한 규범과 가치 때문에 부모는 앞에 어떤 선택지가 있을 때 내면의 소리에 점점 귀를 기울이지 않게 된다. 본인이 생각해서 어떻게 할지를 결정하기보다 좋은 부모라는 각본에 의지하며 각본대로만 연기하면 좋은 부모라고 믿는다. 자신은 어떤 역할에 빙의했기 때문에 그 각본대로 따라가다 보면 끝에 가서는 결국 각본에 나오는 이상적인 자녀를 얻으리라고 기대한다.

애초부터 부모로서 자신의 모습이 본래 모습이 아니라 어떤 역할을 떠맡은 것처럼 억지스럽고 부자연스럽게 느껴지면, 결과가 기대에 못 미쳤을 때 원망이 차오르고 자신이 왜 부모가 되었고 부모 역할을 '연기'하려고 했는지 후회하게 된다. '이 역할이 아니었다면 나답게 살 수 있었을 텐데' 하며 말이다. '진짜 나'와 역할 사이에서 생기는 갈등은 부모가 자녀에게 은혜를 베푼 만큼 자녀가 보답해야 한다고 여기는 이유가 된다. 역할에 몰입해 자기 자신을 잊는 것이다.

한편 자녀에게는 원래 사랑의 본능이 있다. 그런데 부모는 가면을 쓴 채 자식을 대하고 그들의 진짜 모습을 알고 싶어 하거나 받아들이려고 하지 않는다. 오로지 본인들이 원하는 이상적인 자녀가 되기만을 바란다. 그래서 자녀는 부모가 준 각본 때문에 원래 가지고 있던 사랑의 능력을 상실한다. 부모는 자녀가 자신이 준 각본대로만 연기하면 기뻐하고 자녀를 아끼며 사랑하는 모습을 보여주는 것이다.

가장 좋은 예가 바로 칭찬이다. 앨리스 밀러는 『몸은 거짓말을 하지 않는다 The Body Never Lies』에서 이렇게 말했다. 칭찬은 사랑의 대체품이 된다. **자녀는 자신이 한 일이 아닌, 있는 그대로의 자신을 사랑해주는 부모의 사랑을 추구할 수 없다. 따라서 부모가 기꺼이 주려고 하는 유일한 것, 즉 칭찬을 바랄 수밖에 없다.** 자녀가 잘했을 때 부모가 칭찬해주는 일이 계속되면 자녀는 부모가 바라는 모습을 보여주고 그들이 바라는 일만 하게 된다. 부모가 잘했다고 칭찬하는 순간에 자신이 사랑받는 기분과 비슷한 감정을 느끼기 때문이다.

그런데 뭔가를 잘해야만 얻는 인정과 따뜻함은 눈 깜짝할 사이에 사라지기 때문에 자녀가 느끼는 사랑은 불안정하고 칭찬을 받아도 안정감을 느끼지 못한다. 그래서 자녀는 '사랑받는다는 착각'을 누리기 위해 반드시 상대의 기대를 충족시켜야 한다. 그리고 본인을 내던져 상대방의 수고를 보상해야 한다는 생각에 사로잡혀 진정한 사랑이 무엇인지는 점차 잊어버린다.

그러면 개인의 특성이자 모든 사랑의 기초이기도 한 독립적인 개체성은 어떻게 될까? 부모에게 부모다운 모습, 자녀에게 자녀다운 모습을 지나치게 요구하면 부모든 자녀든 서서히 독립적인 개체성을 잃어버리고, 에리히 프롬이 말한 공생하거나 통제하는 관계가 되는 것 같다. 독립적이고 평등한 관계였던 두 개체가 스스로 원해서 함께하기를 선택하고, 서로 행복하게 잘 지내기를 바라는 것이 진정한 사랑이다. 하지만 경직된 역할 규범 때문에 자신의 개체성과 역할을 맞바꾸게 된다. 내가 그 역할을 열심히 연기하는 중이니 상대방도 이상적인 역할을 수행하며 자신에게 호응해주기를 바란다. 그렇게 둘 다 진짜 내 모습도, 독립적인 개인도 아닌 본연의 개체성을 잃어버리게 된다.

어떤 역할을 '반드시' 연기해야 하는 상황에서는 양측 모두 억울함을 느낀다. 부모와 자식 관계도 그렇고 부부 사이도 마찬가지다. 양측 모두 자기 각본에 만족하지 못하고, 그 역할을 연기하느라 진짜 나를 잃어버린 듯한 느낌이 든다면 그런 관계에서는 가장 원초적이고 순수한 사랑으로 서로 보답하는 일이 불가능하다.

둘 사이가 '역할 대 역할'이 아니라 '사람 대 사람'일 수는 없을까? 만약 그 역할 규범이 이미 굳어질 대로 굳어져 개인이 자기 자신을 드러낼 여지는 전혀 없고, 순수하게 책임과 의무만 남은 관계라면 어떨까? 나는 지금 자녀를 위해 한 일과 선택을 내가 정말 하고 싶어서 했는지, 아니면 엄마라면 '마땅히' 해야 한다고 생각해서 했는지 자주 자기 검열의 시간을 가진다. 이런 말을 하는 이유는 결코 후자를 깎아내리거나 규범적으로 마땅히 해야 하는 일들을 배척하기 위해서가 아니다. 개인적으로 그 일을 하고자 하는 의사는 거의 없지만 엄마로서 '마땅히 해야 하는' 일이 있다고 할 때, 그것을 하면 어떤 결과가 생길지 좀 더 깊이 생각해보고 싶었을 뿐이다. 또한 내가 마땅히 할 일을 했으니 자녀에게도 너희가 마땅히 할 일을 해야 한다고 기대하지는 않았는지 반성하기 위함이기도 하다.

**내가 자유롭게 살지 못하기 때문에 남이 자유롭게 사는 꼴을**

**보지 못하는 게 인간이다.** 어떤 관계에서 역할에 대한 기대로 심한 구속감을 느낀 사람은 타인에게도 똑같은 걸 기대하며 구속한다. 그래서 역할 기대가 위험한 것이다. 지나치게 역할 기대에 따라 움직이다 보면 자주성과 자발성을 잃어버리고, 자주적이며 자발적인 행동을 높이 평가하지 못하게 된다.

스스로 선택해서 부모가 되었지만 이삼십 년이 지나 후회와 원망만 늘어놓는 사람들을 우리는 자주 목격한다. 물론 성급하게 일반화해서 결론을 내릴 수는 없겠지만, 아마도 그들은 '부모다운 모습'에 부합하기 위해 노력할 줄만 알고 스스로 선택하고 유연하게 행동할 여지가 있다는 점을 간과하지 않았을까. 역할에 몰입해서 산 게 아니라 자신의 진짜 모습을 철저히 무시하고 억누르며 빈껍데기 인생을 산 듯한 기분이 들지 않았을까. '어떻게 연기'할지 고민하고 본인에게 조금이나마 창작할 여지를 주는 것이 아니라, 경직된 역할을 연기하는 데 거의 모든 시간과 정력을 쏟는다면 그 역할 때문에 자신을 잃어버리는 것처럼 느껴질 수밖에 없다.

자아를 잃어버렸다고 느끼는 부모는 그에 대한 보상으로 자녀가 자신에게 감사하기를 바란다. 그들은 가장 경직된 방식으로 부모를 연기하기 때문에 자기가 바라는 모습을 보여달라고 자녀에게 요구한다. 이런 대우를 받으며 자란 아이는 성인이 된 후 어떤 계기로 인해 자신이 부모에게 수단에 불과했다는 사실을 깨달았을 때 '부모가 나에게 사과해야 한다'고 생각하게 된다. 웬만한 인연이 아니면 맺어질 수 없는 부모와 자식 관계에서 상대방이 나한테 빚진 것 같고 보상받기를 원하는 마음이 든다니, 참으로 유감스럽지 않을 수 없다.

## 모성애가 없는 엄마일까 봐 걱정될 때
## 사랑받지 못한 것이 치욕이 된다

인터넷에서 한 심리 상담사의 글을 읽었는데 딸에 대한 인내심이 부족하다며 그녀에게 도움을 청한 어느 엄마에 관한 내용이었다. 상담사는 그 과정에서 내담자에게 어려서부터 모녀 관계가 서먹하지는 않았는지, 혹시 본인의 엄마에게 학대나 정서적인 폭력을 당한 경험이 있는지 물었다고 한다. 그러자 놀란 상대방이 이렇게 되물었다. "어떻게 아셨어요?" 상담사는 여러 경험을 통해 알게 되었다며 "엄마와 사이가 나쁜 여성 중 대다수는 본인도 엄마가 되면 딸에게 유난히 매섭게 굴어요. 저도 모르게 어린 시절 엄마에게 사랑받지 못한 자신의 모습이 딸과 겹쳐 보이기 때문이죠. 엄마의 사랑을 받지 못해서 어떻게 딸을 사랑해야 하는지 모르는 거예요……" 등의 말을 쏟아냈다.

도움을 구하려던 그 엄마는 결국 자괴감에 울음을 터트렸다. 딸을 대하는 자신의 태도가 과거에 자신을 대하던 엄마의 방식을 그대로 답습하고 있었다며 뉘우쳤다. 좋은 엄마가 되고 싶었으나 상처로 얼룩진 모녀 관계를 되풀이한 자신을 반성한 것이다. 상담사는 "역시 사람은 자신이 갖지 못했던 걸 주지 못하는군요"라는 말로 끝을 맺었다. 이 글과 여기에 호응하는 네티즌의 답변을 읽고 나는 깊은 한숨을 내쉬었다. 이것은 아마도 수많은 사람, 특히 여성들이 엄마와 사이가 좋지 않다거나 엄마에게 제대로 사랑받은 적이 없다고 남들에게 털어놓지 못하는 원인이 아닐까.

다른 사람에게 하소연할 수 없는 이유 중 하나는 '세상에 나쁜 부모는 없다', '부모는 다 자기 자식을 사랑한다'는 사회적 미신 때문에 사람들이 부모에게 사랑받지 못했다는 자신의 감정을 믿어주거나 인정하지 않아서다. 혹여나 입 밖으로 꺼냈다가는 여지없이 "네가 생각이 너무 많아서 그래", "그럴 리가 없어" 아니면 "부모는 널 사랑해. 다만 사랑하는 법을 배우지 못한 것뿐이야"라는 말을 듣는다. 나는 늘 이 마지막 말에 대해 묻고 싶었다. 상대방이 느끼기에 사랑받는다는 기분이 들지도 않고 상처가 되기도 하는 수많은 행동을 저지르면서 그 이면에는 여전히 사랑이 존재한다고 한다면 '과연 사랑이란 무엇일까'라는 의문이 들었다.

부모가 아무리 사랑과 배치되는 행동을 해도 그건 표면적인 것일 뿐 그 안에는 사랑이 있다고 믿는 견해가 과연 진실일까? 아니면 그저 일방적인 바람일까? 자녀를 사랑하지 않는 부모가 있다는 사실을 믿지 않기 때문에 자녀는 부모의 사랑을 부정할 수 없다고 강조하는 사람들이 있다. 이들의 견해가 사회의 주류를 형성하면 부모에게 사랑받는다는 느낌을 받지 못하는 자녀는 자신의 솔직한 감정을 인정하기 힘들어진다.

사람이 진짜 속내를 드러낼 수 없게 만드는 또 다른 원인은 앞서 언급한 그 상담사가 보인 것과 같은 태도다. 세상에는 나쁜 부모도 있음을 인정하고 모든 부모가 자식을 사랑한다는 잘못된 믿음에서 어느 정도 벗어나 있는 사람들도 또 다른 미신을 믿는다. 부모에게 제대로 사랑받은 적이 없는 사람은 자녀를 사랑하는 부모가 될 수 없으며 엄마는 더더욱 그러하다는 미신이다. 이런 사람들은 대체로 여성은 엄마가 자신을 어떻게 대하는지를 보면서 엄마가 되는 법을 배운다고 생각한다. 따라서 엄마에게 사랑받지 못한 여성은 나중에 딸이 생기면 두려움과 혐오가 뒤섞인 태도로 딸을 대하며, 아무리 인내심을 보여주려고 노력해도 앞의 예시에서 나온 것처럼 '자신이 느끼지 못한 모성애를 딸에게 줄 수 없다'는 사실을 바꾸지 못한다는 것이다.

나는 이런 글을 읽을 때마다 가슴이 아팠다. 미신으로 또 다른 미신을 대신하는 것이 과연 옳은 일일까? 엄마에게 사랑받지 못했다는 사실 하나만으로도 이미 서러운 사람에게 당신은 좋은 엄마가 되지 못할 운명이라며 자괴감까지 안겨야 할까? 자식을 대할 때 인내심이 부족하고 아이를 때리고 싶을 만큼 화가 나서 도움을 청하러 온 엄마에게 정말 자녀에 대한 사랑이 없다고 할 수 있을까? 과연 사랑이 없다면 이렇게까지 긴장하고 자신의 단점을 고쳐야겠다는 생각에 전문가에게 도움을 요청했을지 의문이다.

엄마와 사이도 좋고 사랑을 듬뿍 받은 사람도 자녀를 키우다 보면 화가 나 이성을 잃고 체벌하고 싶을 때가 있다. 바쁘고 피곤한데 자녀가 아직 말도 통하지 않는 나이라면 더더욱 그럴 것이다. 다만 집에서 사랑받으며 자랐다는 배경 때문에 그런 엄마에게 조금 더 믿음이 가는 것뿐이다. 반면 엄마에게 사랑받은 경험이 없다고 솔직하게 인정한 사람에게는 '그렇다면 당신에게도 모성애는 없다'라는 낙인이 찍힌다. 자녀에게 안 좋은 감정이라도 내비치면 사람들은 '거봐, 아이를 사랑하지 않아서 저러는 거야'라고 생각한다.

모녀 관계가 좋지 않은 사람은 엄마와 지내면서 불쾌했던 경험을 말하기만 해도 이런저런 우려 섞인 말들을 듣는다. "그래서 너도 딸과의 관계를 조심해야 한다니까……." 마치 그녀가 딸을 해칠 수 있는 잠재적 가해자라도 되거나, 사랑 없는 모녀 관계의 대물림에서 벗어날 수 없다는 듯이 말이다.

엄마에게 사랑받지 못한 것만으로도 이미 상처인데, 자기도 모성애가 부족하고 자녀에게 상처를 줄 수 있다는 가능성 때문에 자괴감마저 느껴야 하는 상황이다. 심리 상담사가 "역시 그렇군요"라고 말했을 때, 나는 의기양양한 자신의 태도가 마치 교과서에서 발견한 이론을 적용할 대상을 찾은 사람 같았다는 걸 그녀가 아는지 모르는지 궁금해졌다. 예를 들면, 교과서에 A라는 사건을 겪은 사람 중 80%에게 B라는 사건이 일어났다는 내용이 나왔을 때, 그 공식을 적용할 만한 상대를 발견하고 그가 80%에 해당한다며 우쭐거리는 것처럼 느껴졌다.

그런데 정말 공식을 적용해서 사람을 예측할 수 있을까? 만약 엄마에게 사랑받지 못한 사람은 모성애를 가질 수 없다고 치자. '모든 사람은 부모가 자녀를 대하는 방식을 보고 따라 배우는 법이다.' 이 가정대로라면 우리가 인간의 본성에 대해 어떤 기대를 건다거나 변화의 힘을 믿을 필요도 없지 않겠는가? "당신도 똑같은 방식으로 자녀에게 상처를 줄 것"이라며 딱 잘라 말하는 사람은 본인이 엄마였어도 그렇게 속단했을까? 그 말을 믿고 자신은 엄마가 될 자격이 없다고 생각했을까?

엄마에게 사랑받지 못한 사람은 자녀를 사랑할 능력이 없다고 선고를 내리는 듯한 이런 발언은 사람의 변화는 단순히 공식을 적용해 설명할 수 없으며, **부모가 자녀에게 큰 영향을 미치는 건 사실이나 결코 어느 한 방향으로만 영향을 미치지는 않는다는 점**을 간과한 것이다.

애정 결핍으로 인해 사랑을 갈망하는 사람은 잘못된 길로 들어설 확률이 높다. 그들은 타인의 비위를 맞추거나 자기 뜻을 굽혀서라도 일을 성사시켜 사랑받는다는 느낌이 무엇인지 찾으려고 한다. 또 사랑을 믿지 못하고 사랑할 가능성을 스스로 포기하며 혼자 독립적으로 살아갈 수 있는 미래에 자신의 목표를 둘 수도 있다. 부모가 자신을 사랑하지 않아서 그런 대우를 받았다는 사실을 모르기 때문에 어려서부터 사랑에 대한 마음의 문을 닫고 눈에 보이는 이해득실만 따지며, 사랑하고 사랑하지 않는 것이 어떤 느낌인지 전혀 알지 못하게 될 수도 있다.

세상에는 다양한 사람이 있는 만큼 수많은 가능성이 존재한다. 똑같이 자녀를 사랑하지 않는 엄마라도 아이에게 미치는 영향은 천차만별이다. 어떤 사람은 사랑의 결핍을 긍정적인 원동력으로 삼아 자기가 원하는 방향으로 확고히 믿고 나갈 수 있다. 어릴 때 이미 엄마처럼 살아서는 안 되며 나 자신을 사랑해야 비로소 다른 사람을 사랑할 능력이 생긴다고 깨

닿는 사람도 있다. 우리는 살면서 수많은 사람에게 영향을 받는다. 꼭 엄마가 아니라도 성장 과정에서 타인에게 모성애를 느끼고 배울 수 있다.

이제껏 과거의 그림자를 되풀이하기보다 그것을 성장할 수 있는 긍정적인 원동력으로 삼는 사람이 적지 않았다. 하지만 전문가라는 권위와 배경을 이용해 엄마의 사랑을 받지 못한 여성에게 '당신은 자신이 가지지 못했던 것을 줄 수 없다'라며 직접적으로 사형 선고를 내리는 사람도 있다. 나는 글에 등장한 엄마가, 작성자의 표현을 빌리자면 "자괴감에 울음을 터트렸다"라고 한 부분을 읽으며 처음에는 분노했고 나중에는 가슴이 아팠다. 나는 타인에게 부모와 사이가 안 좋다고 말하기 어려운 이유가 여기에 있다고 생각한다. 이런 식으로 2차 가해가 일어날 수 있기 때문이다. '철이 없다', '사랑이 느껴지지 않는다는 부모의 말과 행동 이면에 애틋한 마음이 숨어 있다는 점을 알지 못한다'는 등의 오해를 받거나, 아예 직접적으로 자녀에게 혈육의 정을 느낄 수 없는 사람이라고 선고받기도 한다. 이미 자녀가 있는 사람이라면 더더욱 용의자 보듯 자신을 쳐다보는 사람들의 시선을 느낄 수 있다. 자녀에게 무슨 문제라도 생기면 엄마인 내가 사랑받지 못하고 사랑할 줄 몰라서 그렇다고 생각하게 된다.

사랑받은 경험이 있다고 해서 사랑하는 법을 안다고 할 수 있을까? 본인은 사랑받았지만 다른 사람을 보호해야 한다는 생각은 한 번도 해본 적 없는 사람들을 보면 이해가 안 될 때가 있다. 마찬가지로, 엄마에게 사랑받지 못했다고 해서 사랑할 줄 모른다고 할 수 있을까? 자신이 얼마나 엄마에게 따뜻한 대우를 받고 싶어 했는지를 알기에 어떻게 하면 다른 사람을 다정하게 대할 수 있을지 더 많이 고민하지 않았을까?

나는 자녀가 생기고 나서, 특히 딸이 생긴 후로는 남에게 속내를 털어놓는 일이 줄었다. 일단 입 밖에 꺼내면 자녀를 사랑할 줄 모르는 '용의자'로 간주된다는 걸 알기 때문이다. 개인적인 경험을 지나치게 투영하고, 사람을 깊이 알지 못하면서 세대 간 대물림이라는 단순한 논리로 행동을 예측할 수 있다고 여기는 사람은 분명히 내게 꼬리표를 붙일 것이다. 어떤 사람은 본인이 연관되었을 때만 꼬리표를 붙여서는 안 되고 그것이 꼭 정확한 건 아니라고 말한다. 그러면서 다른 사람에 대해서는 자신이 백 퍼센트에 가깝게 예측할 수 있다고 강조한다.

전문가라는 타이틀을 가진 사람은 더 위험하다. 모녀 사이가 좋지 않다고 인정했을 뿐인데 그런 '선고'를 받아 부끄러워 얼굴이 화끈거렸을 그 엄마를 떠올리면 이런 생각이 든다. 어쩌면 그녀는 집에 가서 '엄마의 사랑을 경험해보지도 못한 내가 좋은 엄마가 되어 자식을 낳겠다는 헛된 꿈을 꿨구나'라며 자신이 심각한 잘못을 저지른 건 아닌지 후회할지도 모른다고. 꼬리표가 어떤 효과를 일으킬지 알아서 그런지 나는 그 엄마가 걱정되고 가슴이 아팠다.

과학, 특히 인간의 행동을 탐구하는 과학은 사실 인간의 행동과 운명을 정확하게 예측한 적이 한 번도 없다. 인간의 변화와 행동이 늘 이론보다 앞서기 때문에 인간의 다양성, 예측 불가능성, 적응성, 스스로를 변화시키는 능력에 매번 놀라는 것이다. 이는 수많은 사람이 연구에 뛰어들 만큼 인간을 연구하는 과학이 매혹적인 이유이기도 하다.

딸을 사랑하는 마음에 본인이 잘못을 저지를까 봐 걱정하며 상담사에게 도움을 구한 여성은 자기 경험을 털어놓고도 이해와 도움을 받기는커녕 유년 시절의 경험에서 벗어나지 못하는 게 본인의 숙명이라는 이야기를 들었다. 이 말이 떠오를 때마다 그 엄마는 얼마나 긴장하며 자신의 일거수일투족을 검열하겠는가. 그녀는 과거를 되돌리지 못해 새로운 미래를 시작할 수 없다는 슬픔을 안고 평생 살아갈 것이다. 이런 식으로 인간의 본성과 내재한 가능성을 제한하고 오해하다니, 심히 유감스러울 따름이다.

# 불평등한 교환 관계는
# 부모와 자식 관계를 사랑의
# 본질에서 멀어지게 한다

"내가 널 위해서 그렇게 많은 일을 했는데……." 이 말을 들을 때마다 나는 이 말을 한 사람에게 되묻고 싶었다. 정말 상대를 위해 그 일들을 했느냐고 말이다. 부모든 자녀든 우리는 사랑하는 사람과 자연적으로 많이 교류하고 상호 작용한다. 이런 상호 작용은 얼핏 보면 교환 관계와 비슷해 보인다. 상대가 잘되고 즐거워하기를 바라기 때문에 그를 위해 많은 일을 하며 그 사람이 만족했으면 좋겠다고 마음속으로 늘 생각한다. 그런데 분명한 자의식과 자각 없이 상대방에게 뭔가를 계속 주다 보면 자기도 모르게 그 사람도 나를 위해 똑같이 해주기를 기대하게 된다. 내가 먼저 무언가를 주고, 다음번에 상대도 나에게 무언가를 주기를 기대하는 '조건 교환'이 되는 것이다.

이런 이유로 사랑, 가족애, 우정과 같은 애정 관계가 시장에서 이익을 따지는 것과 다를 바 없다며 폄하하는 이들이 많다. 사랑하는 사이에서 서로 주고받다 보면 어쩔 수 없이 이런 기대가 생길 수 있다. 그래도 우리는 아주 미세한 부분에서 이것이 순수한 교환과는 차이가 있다는 걸 알 수 있다.

동기가 모든 것을 결정한다. 동기는 어떤 일의 결과뿐만 아니라 관계의 당사자가 그 일에 대해 느끼는 감정과 생각에도 영향을 미친다. 그 일 자체만 놓고 봤을 때는 외적으로 똑같아 보이고 주변 사람도 어떤 차이가 있는지 모를 수 있다. 하지만 남을 위해 어떤 행동을 하기로 했을 때, 상대가 즐거워하는 모습을 보고 싶어 하거나 아니면 그 사람에게 보상받고 싶어 하기도 한다. 이처럼 똑같이 상대방을 위하는 선택처럼 보여도 동기가 다르면 결과도 달라질 수 있다. 부모와 자식이 친밀한 관계에서 언젠가는 돌려받겠다는 마음으로 매사에 임한다면 건전한 발전을 기대하기 어렵다. 단순히 내가 하고 싶어서 한다는 마음으로 줄 수 있어야만 감정적으로 부담이 되지 않는다. 다만 보상을 기대하는 심리에서 벗어나는 일이 어렵기도 하고, 자신의 동기를 검열하며 어떤 기대 때문에 하는 행동이 아니라는 걸 확인하는 경우는 많지 않다. 이런 이유로 본인도 모르는 사이에 표면적으로는 사랑이지만 실제로는 사랑이 아닌 것처럼 행동하는 관계가 많다.

아직 사회 규범과 각종 사회 문화에 세뇌되지 않은 어린아이들은 부모가 전달하는 사랑 이외의 정보에 대해 혼란을 느낀다. 이런 정보에는 부모는 자식을 위해 열심히 일하고 자식은 감지덕지해야 한다는 등 교환 관계와 비슷한 내용도 포함되어 있다. 교환 관계가 뭔지도 잘 모르고 교환이 능숙하지도 않은 아이는 사실 이해하기 어렵다.

자녀들이 상대방을 위해 어떤 일을 하려고 할 때는 그냥 그 순간 그렇게 하고 싶어서인 경우가 많다. 보답을 바라지 않고 베푸는 이유는 '주는 즐거움' 때문이다. 이는 아이들의 타고난 천성이며 왜곡되지 않은 사랑의 본능이지만, 부모의 명시와 암시는 자녀가 선천적으로 이해하는 사랑과는 배치된다. "엄마 아빠가 널 위해서 이렇게나 고생하는데 너도 당연히······ 해야지." 이는 마치 태어나자마자 너는 부모에게 빚졌으니 부모의 은혜에 보답하는 것은 부모가 인생에서 마땅히 받아야 하는 보상이라는 말처럼 들린다. 태어나자마자 채워지는 이런 족쇄들이 과연 사랑일까?

**진실한 사랑은 사람을 행복하게 하지만 교환 관계가 된 사랑은 그렇지 않다.** 부모는 자녀에게 자신이 바라는 모습으로 성장해주기를 요구하지만, 사실 이런 요구는 사랑에서 비롯한 것이 아니다. 사랑이라는 이름을 달고 있을 때가 많기는 하지만 말이다. 예를 들어 이렇게 말하는 부모가 있다. "내가 너한테 기대하는 건 다 너 잘되라고 그러는 거야. 널 사랑하니까." 자녀가 이 말에 반박하지 않는 이유는 이 말이 옳아서가 아니다. 자녀는 이 말에 허점이 가득하다는 걸 본능적으로 안다. 그럼에도 반박하지 않는 이유는 단지 부모를 화나게 하고 싶지 않아서다.

만약 사랑이 정말 기대를 충족시켜주는 것에 불과하고 기대를 충족시킴으로써 표현할 수밖에 없다면, 어째서 한쪽만 다른 한쪽에게 기대하는 일이 허용되고 다른 한쪽은 기대하고 요구할 수 있는 자격 자체를 부정당할까? 사랑은 서로 독립적이고 자기 생각과 감정을 지닌 사람으로 여긴다는 기초 위에 존재한다. 상대에게 어느 정도 기대는 할 수 있을지 몰라도 자신의 기대에 부합하는 사람이 되라고 요구할 권리는 없다.

'부모 말을 잘 들어야 부모를 사랑하고 그들의 사랑에 보답하는 것'이라는 생각을 강요당한 자녀는 사실 부모에게 '개인'으로 취급받지 못하고 있다. 왜냐하면 개인은 본인 나름대로 타인을 사랑하는 방식이 있기 때문이다. 그것이 부모가 기대하는 방식과 반드시 일치하지는 않지만 다르다고 해서 무조건 틀렸다고 부정해서는 안 된다.

어떤 부모는 자녀를 자기 소유물처럼 여긴다. 말로는 자식을 사랑한다고 하지만, 자녀의 자의식을 인정하지 않고 아예 처음부터 자신이 보살피고 베푸는 존재로 여기기 때문에 어린 자녀는 부모의 의견에 반항할 자격이 없다고 생각한다. 그러고 나서 자식이 성인이 되면 어른이 될 때까지 보살피고 키워준 은혜가 있으니 부모의 요구대로 행동하고 기대를 충족시켜야 한다고 여긴다. 이런 교환 관계에서 부모는 자식이 나다울 수 있도록 허락하지 않고, 자기 의견을 가질 권리를 직접적으로 부정한다. '부모를 만족시키는 것'과 '부모를 사랑하는 것'을 동일시하며 자녀가 사랑하는 방식이 자신의 기대에 부합하지 않으면 부정하고 거부한다.

보살핌을 받는다는 것이 불완전하고 자신의 개체성을 드러낼 자격이 없는 사람임을 뜻하지는 않는다. 자녀는 어려서부터 본인의 의지를 지닌다. 진정한 사랑이란 자녀에게 나답게 살 수 있는 능력이 생길 때까지 그 원동력을 지켜주는 것이다. 성인이 된 자녀가 눈에 보일 정도로 무시당하거나 학대받지는 않았더라도 부모에게 사과받기를 간절히 바라는 이유는 오랫동안 개체로서 권리와 자격을 억압당하고, 집에서 인격체로 대우받지 못했다고 느끼기 때문이다.

부모는 자녀에게 길러준 은혜에 순종으로 보답하라고 요구한다. 나이와 상관없이 '자녀다운 모습'으로 부모 말을 잘 들으며, 부모가 준 것과 꼭 정비례하지는 않더라도 존경과 숭배의 태도를 보이라는 것이다. 부모에게 이런 요구를 받은 자녀는 이 집에서 완전한 개체가 될 수 있는 사람, 하고 싶은 말을 하고 원하는 일을 할 수 있는 사람은 부모뿐이며 자신에게는 그들과 동등한 권력이 없다고 느낀다.

나는 그저 부모의 말을 따르고 수동적으로 받아들일 수밖에 없다는 감정은 결국 끝에 가면 부모가 나에게 빚졌다는 생각으로 발전한다. 부모가 자신의 협조는 당연하게 여기면서 내 뜻대로 할 수 있는 권리는 부정하기 때문이다.

**사람과 사람의 관계는 평등해야 한다. 설령 보살피고 보살핌을 받는 것이 출발점이라고 해도 평등한 방향을 향해 나아가야 한다.** 스스로 존중받지 못하고 있으며 불평등하다고 느끼는 자녀는 성인이 되어 본인의 개체성이 발현되면 이런 관계에 거부감을 느낀다. 사람은 태어나면서부터 평등과 존중을 추구하기 때문이다.

모든 사람은 독립된 개체로 태어나며 그에 합당한 대우를 받아야 한다. 다만 자녀가 어릴 때는 능력이 부족해서 스스로 합당한 요구 조건을 제시할 수 없기에 부모는 더더욱 자기 암시를 되뇌어야 한다. 지금은 나에게 보살핌을 받아도 자녀는 엄연히 독립적인 개인이라는 점을 명심해야 한다.

어떤 부모는 이런 보살핌이 통제로 이어져 자녀가 평생 자신에게 협조해야 한다는 착각에 빠지기도 한다. 이런 선입견으로 인해 불평등한 교환 관계가 형성되어 사랑의 본질에서 멀어진 부모와 자식 관계가 많다는 건 매우 유감스러운 일이다.

# 엄마가 자기 인생을 살아야
# 자녀를 통제해서
# 보상받으려고 하지 않는다

사람들은 결혼과 출산을 항상 완벽한 일처럼 묘사한다. 결혼은 결실을 보는 일이고, 출산은 '완전한' 가정을 이루는 일이라고. 특히 여성에게 말이다. 사람들은 모든 여자에게 모성애가 내재해 있다고 믿는다. 남성은 아빠가 되기에 적합할 수도 있고 아닐 수도 있는 반면, 여성은 태어나면서부터 연약한 존재를 돌보고 자녀를 위해 관심과 사랑을 베풀며 변화하는 능력이 있다고 여겨진다.

그런데 이는 사실 여성에게도 개인차가 있다는 점을 간과한 것이다. 적합하지 않은 사람이 있다는 점은 차치하고, 엄마가 되기에 적합한 사람일지라도 엄마가 되면 역할이 변하기 때문에 적응할 시간과 주변 사람의 도움이 필요하다. 부모가 된다는 건 막중한 책임을 진다는 뜻이다. 나 하나만 책임지면 그만이었던 과거와 달리 이제는 역할이 바뀌어 나보다 연약한 생명을 책임져야 한다. 그렇기에 사람이라면 누구나 불안해하고 두려워하며 스스로를 의심하게 된다.

이런 감정을 느끼는 데에 성별은 큰 상관이 없지만, 사람들은 여자들이 어떻게 엄마가 되는지를 저절로 안다고 가정하곤 한다. **'엄마는 강하다.' 찬사의 뜻을 담은 이 말이 지금은 엄마에게 다른 사람의 도움은 필요 없으며 혼자서도 거뜬하다는 잘못된 암시로 발전했다.** 내가 초보 엄마가 되던 해에 있었던 일이다. 애가 도통 잠잘 생각을 하지 않는다, 하루에 겨우 다섯 시간 자는데 그것도 띄엄띄엄 잔다고 하소연했더니 친구가 말했다. "엄마는 강하다."

그 말에 나는 어떻게 대화를 이어나가야 할지 몰랐다. '사실 나는 전혀 내가 강하다고 생각하지 않아. 그냥 억지로 꾸역꾸역 버티고 있을 뿐이지.' 이게 나의 솔직한 심정이었지만 입 밖으로 꺼내면 내가 너무 쓸모없는 사람이 되는 것만 같았다. 그래서 사람들이 "엄마는 강하다"라고 말하면 나 스스로 강해지기는커녕 오히려 더 연약해지는 듯한 느낌이 들었다.

사실 누군가에게 도움을 청하고 싶거나 내가 어떻게 하면 좋을지 모를 때 '엄마는 강하다'라는 말을 들으면 마치 도움을 청하는 내 손길이 뿌리쳐지는 느낌이다. 상대방은 악의가 있거나 무관심해서 그런 것이 아니다. 그저 이 사회에서 오랫동안 엄마에 대해 보고 듣고 배운 말이 '엄마는 강하다'라는 미신이었을 뿐이다. 엄마는 자식에 대한 사랑과 강인함이 있기에 힘들어도 결국 이겨내리라는 믿음 말이다.

'엄마는 강하다'라는 말이 틀렸다고는 생각하지 않는다. 왜냐하면 지난 과거를 돌아봤을 때 나 역시 엄마는 강하다고 느꼈기 때문이다. 오랜 시간 수면 부족에 시달리고 면역력도 떨어져 병을 달고 살면서도 혼자 아이를 키우던 시기를 버텨냈다. 몸이 피곤하고 미래가 막막했지만 결혼 생활에 영향을 주지 않으려고 이를 악물었다. 극도의 스트레스로 몸과 마음이 지치고 외로운 상황에서도 가정을 먼저 생각하려고 노력하며 글쓰기라는 감정 해소 방식을 찾아 마음이 텅 빈 듯한 나날을 묵묵히 견뎌냈다. '엄마는 강하다'라는 말로 그 시기를 설명하는 건 괜찮지만, 내가 아주 연약하고 무기력할 때 다른 사람에게 이 말을 들으면 도와달라는 요청을 거부당한 기분만 들 뿐이다.

'엄마는 강하다'라는 말을 모든 여성에게 적용할 수 있을까? 정말 이 악물고 버티면 괴로움과 고난이 저절로 사라져 그 후로는 무탈하고 평온해질까? 엄마는 강하다던 그 단계에서 사라지지 않는 상처와 고독감이 마음에 남은 사람들이 분명 있을 것이다. 여자 혼자 엄마로서 부딪히는 어려움은 결혼 생활을 위태롭게 만들 수 있다. '엄마는 강하다'라고 하는 고정관념은 '아빠는 육아에 수동적으로 참여하면 그만'이라는 성차별을 강화함으로써 상부상조해야 하는 결혼 관계에서 알맹이가 쏙 빠지는 결과를 초래하기 때문이다.

아빠와 엄마라는 역할이 감당해야 하는 사회적 부담에는 큰 차이가 있다. 내 경우를 예로 들자면, 당시에는 남녀가 불평등한 사회 구조에 대해 내가 품은 불만이 배우자를 대하는 태도와 감정에 영향을 미치지 않도록 각별히 조심해야만 한다고 생각했다. 나는 남편이 독립된 개체라고 자기 암시를 걸었지만, 상황에 따라 어쩔 수 없이 그가 불평등한 사회 구조의 화신이라는 생각이 들곤 했다. 남성과 여성은 다른 방식으로 사회화를 겪으며 자라기 때문에 어떤 일을 바라보는 방식과 부모 역할에 대해 느끼는 감정도 당연히 다를 수밖에 없었다.

나는 부부 사이에 균열이 생기지 않도록 노력하면서 동시에 지독한 외로움을 느꼈다. 가장 힘들다는 육아 초기 3년을 보내고 나면 부부 사이가 절대 예전으로 돌아갈 수 없다고 말하는 사람도 있다. 아마도 부모가 되면 사회 구조에 따른 양성 불평등이 친밀한 관계에 어떤 영향을 끼치는지가 피부로 와닿기 때문이 아닐까 싶다.

이런 불평등이 자연스러운 것이며 바뀌면 안 되는 불멸의 진리라고 굳게 믿는 남편도 있다. 그래서 어떻게든 아내에게 강인한 엄마의 모습을 보여주라고 요구하지만, 도움을 주거나 자녀를 보살피는 등 수고와 걱정을 덜어주지는 않는다. 자신은 가족을 부양하기 위해 돈을 벌고 가끔 자녀와 놀아주면 좋은 아빠이며, 그 이상을 요구하고 원망하면 그건 아내의 문제라고 여기는 태도가 얼마나 아내에게 상처가 되는지 남편들은 알지 못한다. 이럴 때는 정말이지 결혼을 약속함으로써 생기는 것, 즉 서로 행복하게 해주겠다는 기대와 어려움이 닥쳐도 서로 의지할 수 있다는 안도감은 미리 설정된 양성 불평등 앞에서 전부 물거품이 되는 듯한 기분이 든다.

**남자들은 모든 여자는 엄마가 되면 강해진다는 말을 너무 쉽게 가정하거나 철석같이 믿는다.** 이는 아무리 힘들어도 그건 엄마 '혼자' 감당할 일이고, 여자는 자녀가 생기면 어떻게든 기운을 내야 한다고 말하는 것과 같다. 만약 해내지 못하면 자녀에 대한 모성애와 엄마라는 '자각'이 부족하다고 비난할 수도 있고 말이다.

연약한 한 생명체를 기르고 보살피며 함께 있어주는 이런 중차대한 임무는 한 사람에게 모두 다 맡기기보다는 여럿이 힘을 보태야 더 좋은 결과를 낼 수 있다. 하지만 이 사회는 엄마에게 모든 책임을 지운다. 반면 아빠를 비롯한 다른 사람들은 선택적으로 참여해도 문제가 되지 않는다.

똑같은 부모인데 엄마와 아빠에게 요구하는 수준이 왜 이토록 차이가 날까? 이런 의혹은 자연히 양성 불평등 구조에 대한 인식으로 이어진다. 이런 인식은 결혼 생활에서 우위에 있는 쪽을 계속 사랑하기 어렵게 만들 가능성도 있다. 왜냐하면 연애하고 결혼을 결정할 당시에는 양측이 평등했기 때문이다. 그러나 부모가 되고 아이를 낳는 순간 사람들은 이런 평등이 깨진다는 사실을 깨닫는다. 상대방은 기저귀를 한 번 갈아 주기만 해도 멋진 아빠 소리를 듣는 성 역할이지만, 엄마인 자신은 아무리 많은 것을 주더라도 그 희생이 당연하다고 여겨진다.

**엄마 역할 이외에도 사람들은 여자에게 '엄마가 되고 나서도 남편을 잘 챙겨야 한다'고 상기시킨다. 설령 좋은 뜻으로 한 말일지라도 남자에게는 아내를 신경 쓰라고 하는 사람이 아무도 없는데 여자에게만 일방적으로 요구하기 때문에 양성 불평등 구조를 두둔하고 부추기는 듯이 보인다.**

'엄마는 강하다'라는 말은 여성을 외롭게 만든다. 일말의 선택권이라도 생겼을 때는 상대적으로 자기보다 우위에 있는 사람, 즉 배우자가 주는 은혜로 여기며 감사해야 하는 삶. 사회적 약자인 자신의 처지를 깨닫고 이런 부담과 괴로움을 느끼는 사람이 과연 온전히 기쁜 마음으로 엄마의 역할을 무난하게 감당할 수 있을까? 내적 갈등과 혼란을 겪을 수밖에 없으리

라. 열매가 익으면 저절로 떨어지듯 결혼하고 자녀를 낳는 일이 자연스러운 일이라고 모든 사람이 말할 때, 여자는 홀로 아침부터 밤늦게까지 쥐 죽은 듯 일하는 작은 방 안에 갇혀 자기 마음의 소리가 외부와 차단된 듯한 느낌을 받을 것이다.

이 사회가 여성의 부담을 조금이라도 덜어준다면 모순된 심정으로 자녀를 대하는 엄마도 줄어들지 않을까. 여자가 엄마가 되었을 때, 함께 맞이하는 새 생명이니 모두가 힘을 합쳐 도와주고 포용해야 한다는 의식을 우리 사회가 가진다면, 그래서 엄마가 더는 혼자가 아니라고 느낀다면 자녀에 대한 감정이 고독이나 무기력으로 이어지지 않을지도 모른다.

엄마로 신분이 바뀌었을 때 많은 사람에게 온정을 받을 수 있다면 자신이 이 사회에서 약자라고 생각하지 않을 것이다. 약간의 도움이나 한숨 돌릴 시간이 필요할 때 괜히 스스로 보잘것없는 사람처럼 느껴진다거나 '모성애가 부족해서 엄마는 강하다는 말을 들을 만큼의 일을 해내지 못하는 것'이라는 비난을 감당할 필요도 없어지지 않을까.

이 사회에서 엄마들이 자녀를 덜 통제하고 덜 상처주기를 바란다면 우리는 엄마가 되는 모든 여성을 더욱더 평등하게 대해야 한다. 그래서 엄마가 되어도 자신은 여전히 존중받고 사람들이 신경 쓰며 염두에 두는 개체라고 깨닫게 해야 한다. 여성이 스스로 존중하고 사랑하며 자신감을 가질 수 있게 하는 요소인 만큼 여성이 바라는 것, 여성의 감정, 건강 등 개체를 이루는 모든 부분은 중요하다. 자신을 사랑하고 존중하며 여전히 사랑받는 사람이라고 믿을 수 있어야만 자녀를 대할 때 자녀의 인생으로 자신의 잃어버린 모든 부분을 채워야 한다고 생각하지 않으며, 개체성을 잃어버린 자신의 고통을 자녀에게 분담하라고도 하지 않을 것이다. 그렇게 되면 자녀는 '엄마가 너 때문에 이렇게 비참해졌다'라는 말을 들을 일도 없고 태어나자마자 엄마에게 빚진 기분으로 살 필요도 없다.

**자녀는 엄마의 인생을 빼앗으려고 세상에 태어난 존재가 아니다. 그런데 만약 이 사회가 여성의 인생을 빼앗는다면 일부 미성숙한 사람은 자신을 향한 이런 통제를 자녀에게 확대해 적용하고, 의식적으로나 무의식적으로 자녀를 통제함으로써 자신의 잃어버린 지배권을 되찾으려고 할 것이다.** 이는 약자인 여성이 자신보다 더 약한 자녀를 통제하는 일종의 '동족상잔'이다. 에리히 프롬의 말을 빌리자면 그건 사랑이 아니라 공생하고 통제하는 관계다.

**나에게 사랑받을 자격이 있음을
열심히 증명하는 일은
정확하게 그 사랑이 존재하지 않음을
증명하는 일과 같다**



당신이 누군가의 기분을 전혀 신경 쓰지 않는다면 그 사람을 사랑한다고 말할 수 없다. 그런데 어떤 부모들의 언행과 태도를 보면 그들에게 중요한 건 언제나 자녀가 아니라 자신의 감정이라는 사실을 알 수 있다. 그러면서 사랑이라는 이름으로 포장하며 상대의 감정을 말살하고 자기 감정을 우선하는 것이 전부 '상대방을 위한 일'이라고 말한다. 과연 격노한 부모에게 "꺼져"라는 말을 들어본 사람은 얼마나 될까? 따지고 보면 대부분 우리가 부모를 화나게 하지도 않았는데 "너만 보면 화가 치민다"라는 말을 들으면 왠지 내가 이 집에서 언제든 사라져도 상관없는 존재처럼 느껴져 불안에 떨게 된다.

자녀에게 자주 화내고 고래고래 소리치고 욕하며 심지어 때리기까지 하는 부모에 대해 어떤 사람들은 중간에서 화해시킨답시고 자녀에게 이렇게 말한다. "아빠(엄마)가 평소에는 너한테 잘해주시잖아. 가끔 감정 조절이 안 될 뿐이지. 아빠(엄마)랑 네 생각이 다르긴 하지만 그래도 아빠(엄마)는 널 사랑하셔." 그런데 이런 해명은 장기적으로 봤을 때 아이의 미래에 매우 좋지 않다. 나중에 사귀거나 결혼할 사람이 기분이 좋을 때는 잘해주고, 기분이 나쁘거나 상대의 말과 행동에 불만이 있을 때는 언어적·신체적 폭력을 행사해도 괜찮다고 말하는 것과 마찬가지이기 때문이다. 이 논리에 따르면 대체로 평소에 잘하기만 하면 '사랑'이라고 말할 수 있는 것이다.

어떤 이들은 연애하거나 심지어 결혼할 때조차 기분이 나쁘면 버럭 성질을 내고 손찌검까지 하는 사람을 선택한다. 아마도 이런 사랑도 괜찮다고 일찌감치 받아들였기 때문이 아닐까. 그들은 성질이 더러운 배우자나 연인을 위해 "많이 피곤해서 그런 것뿐이야", "너무 나를 신경 써서 그래", "내가 너무 화나게 해서 순간 감정을 주체하지 못했나 봐" 등의 핑계를 댄다. 이런 식으로 상대의 행동을 합리화하면서 그 사람을 화나게 할까 봐 걱정하고, 한편으로는 기분이 나쁘면 무슨 짓이든 할 수 있으리라는 생각에 항상 마음을 졸여야 하는 것은 사랑이 아니라는 사실을 전혀 깨닫지 못한다.

나도 예전에 비슷한 상황으로 곤혹스러울 때가 종종 있었다. 사람들과 지내면서 기분이 안 좋을 때 남한테 잘할 수 없는 건 '정상'이라고 이해하고 싶었다. 그래서 상대방이 화가 나 내게 막말을 퍼부으면 '내가 밉상이구나'라고 생각했다. 상대방이 매섭게 눈을 부라리거나 나를 무시하고 정신적 폭력을 행사하며 자신에게 고개 숙여 사과하라고 압박할 때 나는 스스로 이렇게 말했다. "이건 정상이다."

그 사람은 기분이 좋으면 내게 잘해주었다. 좋았던 시간을 잊지 않고 기억하기만 하면 우연히 일어나는 우발적인 사고들은 신경 쓸 필요가 없었다. 그런데 시간이 흘러 지인도 많아지고 다른 사람과 그들의 부모, 배우자, 그 가족이 함께 지내는 모습을 다양하게 접하면서 나는 의문이 들기 시작했다. 본인 기분이 좋을 때만 잘해주고 기분이 나쁠 때는 막 대하는 게 과연 '사랑'일까? 사랑은 기분이 좋을 때만 나타나는 것일까? 이런 사랑을 믿고 의지할 수 있을까? 이런 사랑을 소유한다고 과연 안심할 수 있을까? 나를 사랑한다고 말하면서 제 성질을 다스리지도 못하고, 사는 게 내 마음대로 되지 않는다고 화풀이하는 사람과 함께 지내면서 나는 안전감을 느낄 수 없었다. 항상 조심스럽게 상대방의 생각을 헤아리고 나로 인해 그 사람이 불만을 느낄까 봐 걱정했다. 내가 소통이 서툴러서 상대의 부정적인 감정을 유발한다고 생각했다.

사람들은 사랑 안에 있을 때 마음이 편안하다고 말했지만 나는 그 '사랑' 안에 혼자 있을 때 가장 안전감을 느꼈다. 혼자 있으면 다른 사람에게 상처받을까 봐 걱정하거나 남의 눈치를 보지 않아도 되었고, 내가 또 무언가 잘못하지는 않았는지 스스로 의심할 필요도 없었다. 상대방의 눈치를 살피는 것은 훈련할 수 있었다. 아무 일 없었던 듯 태연하게 구는 것도 마찬가지다. 하지만 스스로 보호하는 능력이 향상될수록 나는 점점 더 사랑을 믿을 수 없게 되었다.

만약 힘든 시기에도 변함없이 그대로 존재하는 것이 아니라, 내가 누군가의 부담이 되지 않고 나의 말과 행동이 상대를 만족시켰을 때만 긍정적인 반응을 얻을 수 있는 것이 사랑이라면 그런 사랑은 딱히 추구할 가치가 없다. 많은 자녀가 이런 식으로 부모의 '사랑'을 느끼는 모습을 옆에서 지켜보며 우리는 이런 생각을 한다. 만약 자녀가 항상 부모를 만족시켜야 하고 그렇지 못할 경우 자신이 덜 훌륭하고 효심이 부족한 건 아닌지 반성해야 한다면, 또 부모의 즐거움과 괴로움을 자녀의 책임으로 여기고 화풀이하는 부모가 스스로 잘못이 없다고 생각한다면, 그 자녀는 과연 본인이 사랑받고 있다고 자신 있게 말할 수 있을까?

**사랑이라는 감정은 양측이 서로 평등한 관계가 바탕이 된다. 어떤 자녀는 항상 자신의 가치를 부모보다 아래에 둔다. 집에서는**

**언제나 부모의 감정이 중요하고 자신은 보잘것없다고 여긴다. 이런 집에서는 자녀가 부모에게 사랑받는다고 말할 수 없다.** 부모가 그냥 기분이 안 좋았을 뿐 '악의'는 없다는 말은 대부분 부모나 주변 사람들이 주입한 "항상 너한테 잘하는 건 아니지만 부모는 '절대적으로 너를 사랑한다'"라는 생각에서 비롯한다. 자녀는 부모의 사랑을 간절히 바라기 때문에 이런 말을 믿는 경향이 있지만, 진심으로 자기가 사랑받는다는 기분이 들어서 그러는 것은 아니다.

사람은 사실 언제 자신이 사랑받는지 본능적으로 알 수 있다. 최소한 기본적으로 **당신을 사랑하는 사람 곁에서는 안전감을 느낄 수 있어야 한다.** 상대방이 내 감정을 신경 쓰고 있다는 걸 믿을 수 있고, 상대에게 돌연 상처받거나 공격당할까 봐 두려워할 필요가 없어야 한다. 하지만 이렇듯 정확하게 인지한 내용을 어릴 때는 말로 설명하거나 표현할 수 없다. 이 시기에 누군가 잘못된 생각을 주입하거나 영향을 주면 평생 사랑을 정확하게 해석할 수 없게 된다. **진정한 사랑은 마치 내 몸에 따뜻한 햇볕이 닿는 것과 같다는 걸 나도 나이가 들어서야 뒤늦게 깨달았다. 내가 잘나서, 착해서, 말을 잘 들어서, 남이 만족할 만한 일을 해서 그런 은혜를 입은 것이 아니라고 말이다.**

우리는 햇볕처럼 자연스럽게 안전감과 따스함을 느낀다. 감사하는 마음도 자연스럽게 생겨나는 것이다. 햇볕을 주었으니 당신은 이러이러한 일을 해서 갚아야 한다고 적힌 계약서가 앞에 있지 않다는 소리다. 당신은 존재만으로 사랑받을 가치가 있다. 그게 아니라면 교환, 나아가 일방적으로 무언가를 받아내기 위한 독촉에 불과할 뿐이다.

어떤 부모는 무턱대고 자신이 원하는 바를 자식에게 요구한다. 만약 원하는 것을 얻지 못하면 자신이 준 사랑에 감사하고 보답할 줄 모른다며 자식을 나무란다. 가끔은 삶에 대한 불만과 본인이 배우자에게 바라는 것을 자식에게 전가하기도 한다. 부모는 만약 본인이라면 기꺼이 이런 식으로 사랑에 협박당할지, 자신을 홀대하는 사람이 말하는 사랑을 믿을 것인지 한 번도 입장을 바꿔 생각해본 적이 없다.

한편 부모의 불합리한 소원을 들어주기 위해 노력하는 자녀는 마치 어두운 밤에 길을 잃은 것처럼, 어쩌다 가끔 부모에게 칭찬을 듣거나 부모가 만족해하는 모습을 보며 그것을 사랑이라고 여긴다. 그러다가 다음번에 자녀가 만족할 만한 모습을 보여주지 못하거나 그들에게 못마땅한 부분이 생기면 부모는 가차 없이 그 '사랑'을 회수한다. "내가 널 위해 그토록 희생했는데, 너는 이렇게밖에 보답 못해? 너처럼 은혜에 감사할 줄 모르는 애는 본 적이 없어." 자녀가 나에게 얼마나 보답하느냐를 자녀의 존재 그 자체보다 중요하게 여기는 듯 보인다.

받은 인정을 쉽게 회수당하는 사람은 자신의 텅 빈 손을 보며 당황할 수밖에 없다. 사랑이 원래 이토록 쉽게 사라지고 믿을 수 없는 것이냐는 생각이 들면서 스스로 다짐한다. '다음번에는 더 노력해서 내가 부모님을 정말 사랑한다는 걸 알게 해드려야지. 내가 사랑받을 만하고 부모님을 사랑하는 자녀임을 깨달으실 거야.'

슬프지만 이런 노력에는 끝이 없다. '사랑받을 자격'이 있다는 사실을 증명해야 하는 것 자체가 그 사랑이 존재하지 않는다는 증거이기 때문이다.

**3장**

# 다르지만
# 우리가 받아들일 수 있는
# 일들이 있다

# 집에서도
# 연약함을 드러낼 수 없다면
# 대체 어디에서 가능할까?

어느 날 남편이 아이 일로 불같이 화를 냈다. 나는 일단 아이를 재우려고 방에 들어가 평소처럼 아이를 안으며 "사랑해, 잘 자"라고 말했다. 그러자 아들이 갑자기 울음을 터트렸다. 좀 전에 아빠가 너무 화를 내서 무서웠다고 했다. 사실 남편이 화를 낸 건 아들과 상관없는 일이었다. 어린 딸이 남편의 화를 돋우어서 벌어진 일인데, 아들은 환경이 주는 압박감을 느낀 듯했다. 나도 지나치게 민감해서 다른 사람의 감정과 외부 환경이 주는 분위기에 영향을 받을 때가 있었다. 아들을 품에 안고 걱정하지 말라며 달래주자 아이는 나를 더욱 힘껏 껴안았다. 마치 물에 빠진 사람이 부목을 움켜쥐듯 그 작은 두 손으로 나를 꼭 껴안았을 때 갑자기 아들이 행운아라는 생각이 들었다. 무서울 때 나처럼 이렇게 안아주는 사람이 있으니 말이다.

이전 부모 세대에게 무서움이란 극복해야만 하는 대상이었다. 그래서 자녀가 무서워하면 달래주기는커녕 왜 그렇게 겁이 많으냐며 꾸짖기 일쑤였다. 사람마다 무서워하는 게 다르지만, 두려움을 이겨내고 반드시 직면해야 하는 상황을 용감하게 마주하는 것은 사실 주변 사람이 용감하게 굴라며 당사자를 매섭게 다그친다고 해서 되는 일이 아니다.

예전에는 자녀를 가르칠 때 나쁜 것은 아예 씨를 말려버려야 한다는 태도로 두려움을 상대했다. 그 시절에는 두려워하는 감정을 느끼면 용감하지 않고 나약하다고 여겼지만, 지금 우리는 두려움이 인류에게 어떤 기능을 하는지 잘 안다. 두려움은 우리에게 위험한 존재를 알려주고, 어떤 준비를 해야 하는지 일깨워준다. 전혀 무서워하지 않는 사람은 마음속 깊은 곳에 무서운 감정을 억누르고 있는 것뿐이다. 만약 그 감정이 자기도 모르게 행동을 조종하는 무의식의 영역으로 넘어가지 않았다면 그냥 무섭지 않은 척하는 것이다. 주변에서 그가 무서워하는 모습을 받아들이지 않기 때문에 무서워할 줄 모르는 사람처럼 구는 것이다.

아이가 무서워할 때 무서운 감정을 느끼는 건 정상이며 그 감정을 완전히 없앨 필요는 없다고 말해주는 사람이 있다면,

두려움은 사람을 억압하기보다 자신이 무엇을 무서워하는지 알 수 있는 근거가 된다. 두려울 때 누군가 옆에 있어준 경험이 있으면 나를 있는 그대로 받아들이고 내가 무서워할 줄 아는 사람이라고 인정할 수 있다. 두려운 감정을 통째로 부정할 필요는 없다. 왜냐하면 두려움을 느낄 때 서로 격려하고 위로하는 것처럼 아름답고 마음이 따뜻해지는 일도 종종 생겨나기 때문이다.

예전에는 무언가를 두려워하는 나 자신을 혐오했다. 내가 두려움을 느끼고 긴장할 때마다 왜 그렇게 겁이 많고 약해빠졌냐, 왜 그렇게 쓸모가 없느냐, 나중에 커서 큰 인물이 될 수 없다는 등의 지적을 받았던 안 좋은 기억이 떠올랐기 때문이다. 두려움의 대상이 바퀴벌레나 쥐 같은 생물이든, 아니면 폐소 공포증이든, 무언가를 무서워하는 일 자체가 비정상으로 취급되는 것 같았다. 무언가를 무서워하면 항상 욕을 먹거나 꾸중을 들었기 때문에 무서울 때마다 쓸모없고 연약해서 심장이 쿵쾅대고 손에 땀이 나는 내 모습이 자동으로 떠올랐다.

우리는 가정에서 감정을 다루는 법을 배우기 때문에 감정을 대하는 어른의 반응은 아이에게도 고스란히 전해지고, 자녀는 부모의 반응이 감정을 대하는 올바른 방식이라고 여기게 된다. 어른들이 만약 나약함, 두려움, 분노, 불안 등 우리가 일반적으로 생각하는 부정적인 감정들을 멸시하거나 철저히 뿌리 뽑아야 한다는 태도를 보이며 자각하지 못하면, 자녀는 그런 감정들을 느낄 때마다 가장 먼저 부모가 보인 태도를 가지고 스스로를 부정한다. 나는 이렇게 연약해서도, 쉽게 두려워하거나 불안해해서도 안 된다. 항상 강인하고 용감해야 한다……. 스스로 이런 수많은 요구를 하는 사람들을 보고 있자면 이 세상에 한 번도 두려워하거나 걱정해본 적이 없는 사람이 실제로 존재하는 것처럼 느껴진다.

하지만 자녀들은 성장하면서 부모가 부정하려고 했던 그 감정들이 사실은 부모에게도 존재했다는 사실을 점차 깨닫게 된다. 부모도 사람이며 걱정과 두려움이 있다. 다만 전통적으로 가정에서는 부모와 자녀가 상하 관계라는 규범에 부합하고자 하기에 겁이 많고 연약하다며 자식을 꾸짖을 수 있는 쪽은 오직 부모뿐이다. 반대로 부모 본인이 그런 감정을 느낄 때는 자신을 위로하지 않고 힘이 되어주지 않는다고 자녀를 나무랄 수 있다. 어떤 부모는 연약한 자신의 모습조차 받아들일 수 없어서 스스로 나약해질 때 가족에게 자신의 연약한 모습을 못 본 체하고 아무 일 없는 듯 행동해달라고 강하게 요구하기도 한다. 어느 쪽이든 둘 다 사람과 사람 사이를 연결하는 것이 아니라 벽을 쌓는 태도이며, 연약한 모습을 굳이 없애고 감추어야 할 부정적인 것으로 만든다.

비난과 질책은 사람과 사람의 심리적 거리를 멀어지게 할 뿐이다. 두렵거나 걱정될 때 가족에게 비난받는다면 가족을 점점 믿지 못하게 될 수 있다. 그런데 일부 가정에서는 부모가 자녀의 '약점'을 교정하고 없애야 한다는 생각이 강해 이런 비인간적인 교육 방식을 흔하게 사용한다.

**이런 가정에서 자란 자녀는 '가족 앞에서는 절대 약한 모습을 보여서는 안 된다', '약한 모습을 보이면 가족들은 무조건 욕하고 싫어하며 배척할 것'이라고 인식하게 된다. 그렇다면 이 세상에서 자신의 약한 모습을 받아줄 곳은 대체 어디일까?** 이 세상에 나를 있는 그대로 받아줄 사람이 있는지 의심하는 것은 자녀의 성장 과정에서뿐만 아니라, 성인이 되어 원가족을 벗어나 새로운 인간관계를 맺을 능력이 생겼을 때조차 타인을 믿지 못하고 내적 고독에서 벗어날 수 없게 만든다. 자신의 연약함을 자연스럽게 받아들이고 자신이 연약해질 때 공격하지 않는 사람이 있다고 믿지 않기 때문이다.

나는 아이를 안고 달래면서 무서워해도 괜찮다고 말해줄 때 이런 생각이 들었다. 뭔가를 두려워하는 모습 자체가 받아들여지지 않아서 다시는 부모에게 약한 모습을 보이지 않겠다고 다짐하던 어린 시절의 나를 안아주는 느낌이었다. 나는 당시 상처받았던 경험을 무의식에서 의식의 영역으로 끄집어내었다. 그리고 그 안의 얼마나 많은 것이 내 연약함의 문제가 아닌, 주변 사람의 편파적인 시각에서 비롯했는지를 이해하고 깨달았다. 그렇게 나는 어린 시절의 그늘에서 벗어나 빛으로 한 걸음 내디딘 듯한 기분이 들었다.

'사람은 자기 자신의 부모가 될 수 있다'라는 말은 원래 이런 뜻이다. 스스로 느끼기에 부모가 나를 대하는 방식이 잘못되었고, 그 방식이 나에게 상처를 주거나 사물에 대한 오해를 일으킨다는 생각이 들 때, 우리에게는 그 상처를 달래고 과오를 되풀이하지 않을 능력이 있다는 의미다.

두려움 없는 사람이 세상에 어디 있겠는가? 무서워하면 '쓸모없다'며 상대방을 비난하고 질책할 자격이 과연 누구에게 있을까? 사람들은 누군가 두려워하고 그 두려움을 솔직하게 드러낼 때 서로 격려하고 응원하지 않던가? 두려움을 죄악시하고 약점으로 여기며 강인한 사람이 되려면 두려움이 없어야 한다고 생각하면 어떻게 될까? 두려워하는 자기 감정을 끊임없이 감추고 억누르며 남에게는 자신의 연약함을 못 본 체해달라고 요구하며 허세 부리는 사람이 될 뿐이다.

시간이 오래 걸리기는 했지만 나는 이제야 비로소 해낼 수 있게 되었다. 두려움을 느낄 때마다 내 부모가 그러했듯이 '이것도 무서워하면 대체 얻다 써' 하며 스스로 비난하기를 멈추었다. 이런 식의 비난이 잘못되었고 바뀔 수 있다는 사실을 깨달았을 때 '두려워할 줄 아는 사람'이라는 이유로 오랫동안 부정당한 내 마음이 위로받는 것 같았다.

# 자녀를 사랑하는 부모도 있고
# 사랑하지 않는 부모도 있다

일본 소설가 쓰지무라 미즈키의 단편 소설 『테두리 없는 거울』은 남편과의 불화로 인해 정신 착란을 겪다가 환각에 빠져 자기 자신도 못 알아보는 엄마의 이야기다. 그녀는 매일 바에 가서 천재라고 불리는 젊은 색소폰 연주자의 연주를 감상한다. 자기가 소녀라고 착각하며 그와 연애하고 결혼하는 환상을 품지만, 그 환상 속에서 그녀를 대하는 상대방의 태도는 점점 싸늘해진다.

마법의 거울에 비친 미래를 바꾸기 위해 그녀는 거울에서 튀어나온 어린 여자아이를 목 졸라 살해한다. 그런데 사실 그녀가 살해한 사람은 현실 속 그녀의 친딸이었다. 딸은 엄마에게 학대받으면서도 여전히 엄마를 사랑하고 있었다. 딸이 아빠의 음악적 재능을 물려받지 못했기 때문에 엄마로서 그녀는 늘 스트레스에 시달렸다. 마치 자신의 유전자가 나빠서 우수한 아이를 낳지 못했다는 듯이 말이다. 그래서인지 자기도 모르게 딸을 더욱 혹독하게 훈련시켰고 학대로 이어졌다. 결국 남편은 그녀와 이혼하고 아이를 데려갔다. 그리고 아이가 찾아왔을 때 이미 정신 이상 증세를 보이던 그녀가 제 손으로 딸을 죽인 것이다. 천진난만하게 엄마를 향해 뛰어가던 어린 여자아이가 엄마 손에 목 졸려 무기력하게 살해당하는 장면에서 나는 슬픔과 절망뿐만 아니라 엄마이자 동시에 딸로서 더욱 극심한 공포를 느꼈다.

결혼과 이상적인 가정에 대한 기대를 출산에 거는 여자가 얼마나 될까? 음악가 집안에서 태어났지만 음악적 재능을 물려받지 못한 소설 속 여성이 결혼을 통해 온 가족이 음악에 천부적인 재능이 있는, 남편과 아버지가 자랑스러워할 가정을 꾸리기를 바라는 것처럼 말이다. 그 희망이 깨졌을 때 그녀는 기대에 못 미치고 자신에게 이상적인 생활을 안겨주지 못한 아이에게 화풀이하며 원망할 수밖에 없다.

실제로 아이가 생기면 자기 삶이 더 나아지고, 인생이 더 완벽해지며, 남편이 자신을 더 사랑하리라는 착각에 아이를 낳기로 결심하는 여성들이 있다. 그렇게 생각하게 된 데에는

'불효에는 세 가지가 있는데, 그중 후사가 없는 것이 가장 큰 불효다', '아이가 있어야 인생이 완전해진다'라고 말하며 왕자와 공주가 결혼해서 귀여운 아들딸을 낳았다는 이야기를 끊임없이 반복하는 사회 환경의 영향이 크다. 이런 생각들이 수많은 여성의 뇌리에 깊이 박힌 것이다. 미성숙한 남편도 아이가 태어나면 책임감이 생기고 아빠다워진다고 믿으며, 심지어 상대방을 변화시키기 위해 자식을 도구로 삼기도 한다.

아이가 생겨서 예전보다 더 행복하다고 느끼는 사람도 분명히 있다. 하지만 아이가 사람을 행복하게 한다는 이런 정보를 일방적으로 전달하면 사람이 행복을 느끼게 하는 요소는 결국 당사자 본인의 능력이라는 사실을 놓치기 쉽다. 자녀가 있다고 해서 인생이 행복한 것도 아니고, 자녀가 없다고 해서 인생이 불행한 것도 아니다. 예전에 엄마가 했던 말이 떠오른다. 오빠를 낳고 원래 딸을 하나 더 낳고 싶었는데 소원대로 내가 3월에 태어났다고 했다. 그때 나는 '원래 부모님이 나를 원했었구나' 하는 생각에 말로 설명하기 힘든 의아함을 느꼈다. 나는 부모님이 원해서 낳은 자식이었지만 살면서 그런 기분을 거의 느끼지 못했다. 어쩌면 나 스스로 늘 부모님을 실망시켰다고 생각해서 그럴지도 모른다. 부모님이 기대한 역할이 노후에 살갑게 곁을 지키는 귀여운 딸이든, 아니면 경제적으로 집에 보탬이 되는 잘난 딸이든 나는 그들의 기대를 저버렸다.

사실 엄마가 나를 원해서 낳았다기보다는 귀여운 딸 덕에 남편의 사랑을 더 많이 받으려고 하는 것처럼 느껴졌다. 하지만 결과적으로는 딸이 남편의 관심을 가로채 후회하는 듯 보였다. 내 결혼식 피로연에서 사회를 맡은 엄마는 아빠에게 마이크를 넘기며 반농담조로 말했다. "다들 딸은 전생에 아빠의 연인이라던데 정말이지 내연녀도 이런 내연녀가 따로 없다니까요. 딸이 태어나니까 저는 그냥 찬밥 신세가 됐어요. 여보, 이제는 내가 제자리로 돌아가도 되겠죠?" 그러고는 기생 어미가 자기 밑에 있는 젊은 기녀의 첫날밤을 팔아넘기는 내용의 가자희歌仔戲(대만 전통극의 일종) 한 단락을 연기하며 장내를 웃음바다로 만들었다.

당시 아버지가 어떻게 대답했는지는 기억나지 않지만, 어찌 되었든 나는 엄마가 즐거워하는 모습을 보며 실없이 웃기만 했다. 엄마의 말과 그녀가 연기한 가자희 단락은 아무리 봐도 딸의 결혼을 축하하는 내용으로는 보이지 않았다. 당시 나는 별생각이 없었지만 말이다. 잠시 내 뇌가 작동을 멈추었다. 부모님과 지낼 때 내가 자주 겪던 증상이다. 마치 다섯 살짜리 어린아이로 돌아간 것처럼 판단력 없이 그저 부모님의 설명을 수동적으로 받아들일 수밖에 없었다.

부모가 농담이라고 하면 그건 농담이었다. 뭔가 아니다 싶은 느낌이 들어서 물어보면 "너는 생각이 너무 많다"라는 말을 들었고, 그건 내게 익숙한 일이었다. 하지만 적어도 피로연을 떠올릴 때면 나는 그 농담 속에 솔직한 엄마의 상실감과 좌절이 담겨 있을지도 모른다는 생각이 든다.

프로이트가 말했듯이 "모든 농담에는 진심이 담겨 있다". 피로연에서 엄마는 농담처럼 나를 내연녀라고 부르는 것으로도 모자라 다소 껄끄러운 내용까지 연기했다. 이에 대해 엄마는 자기가 유일하게 할 줄 아는 단락이어서라고 말했지만, 내가 아는 엄마라면 출중한 언변으로 충분히 감동적인 축사를 하고도 남았다. 하지만 엄마가 한 농담과 연기에는 그녀의 원망, 그리고 어떻게 책임져야 할지 불확실하지만 책임질 수밖에 없는 운명인 나의 죄책감과 양심의 가책을 바라는 마음이 담겨 있는 듯했다. 마치 딸인 내가 엄마가 바라던 걸 빼앗고 그녀가 원하는 삶을 가져다주지 못했다는 죄책감과 양심의 가책을 느껴야 한다는 것처럼 말이다.

엄마는 딸이 자기에게 더 많은 사랑을 가져다줄 수 있으리라고 생각했다. 두 번이나 유산하고 이 집안을 위해 힘들게 두 아이를 낳아준 자신을 남편이 더 사랑해주리라고 여겼다. 하지만 아빠는 그렇게 감정적인 사람이 아니었다. 마치 아내의 임신과 출산을 숱하게 봐서 그런 여자의 수고를 당연한 도리로 여길 뿐, 더 이상 고마워하지 않는 남자 같았다. 아빠는 차가운 느낌이 들 정도로 이성적인 사람이라 아내의 마음에 상처를 주었다.

엄마는 남아 선호 사상이 강한 집에서 자랐다. 할머니의 사랑은 듬뿍 받았지만, 할아버지의 사랑은 받지 못했다. 두 남동생이 집안의 물질적인 지원을 독차지한 걸로도 모자라 똑같은 딸인데도 할아버지는 엄마보다 여동생을 더 예뻐했다. 이렇듯 아버지의 사랑을 간절히 바란 엄마였기에 남편에게 완벽한 아버지의 모습을 기대하지 않았을까 싶다. 무의식적으로 남편의 사랑을 갈구하는 동안 딸이 태어났고, 자신이 바라던 남편의 관심을 딸에게 빼앗겼다고 생각한 것이다. 부부 싸움이 거세져 이혼 이야기가 나왔을 때도 딸의 양육권을 고집하는 남편을 보며 엄마는 '남편한테 나는 없어도 되는 존재고 딸만 있으면 되는구나'라는 생각이 짙어졌다. 무조건적인 부성애를 갈망하고 남편이 이상적인 아버지처럼 자신을 인정하고 포용해주기를 바라는 여자는 자녀에게 복잡한 감정을 느낀다. 딸이 음악적인 재능을 보여주지 못해 음악가인 남편의 환심을 사지 못하자 딸을 자신의 실패작으로 여기는 『테두리 없는 거울』 속 여자처럼 말이다.

어떤 엄마들은 심지어 이런 실망감을 자녀에게 직접 말로 표현한다. "널 낳지 않았다면 좋았을 텐데." 엄마를 실망시켰다는 생각에 미안해하는 아이는 그녀의 행복을 깨트렸다는 죄책감에서 어떻게 벗어나야 할까? 상황을 잘 모르는 제삼자는 이런 말을 하는 엄마를 돕겠다며 이렇게 말할지도 모른다. "엄마는 그냥 힘들다고 너에게 알려주고 싶은 것뿐이야." 이보다 한술 더 떠서 이렇게 말할 수도 있다. "엄마가 저렇게 애쓰시는 건 널 사랑한다는 뜻이니까 감사해야 해."

하지만 만약 이런 엄마들이 자식에게 했던 "다 너 때문에 내가 이렇게 고생하는 거야", "널 낳지 않았다면 좋았을 텐데"라는 말을 다른 친밀한 관계에 그대로 가져다가 적용한다면 어떨까? 옆에서 지켜보던 사람들은 위와 같은 결론을 내는 대신, 그들이 인생에 대한 원망을 쏟아내고 싶어 하는 것뿐이라는 이성적인 판단을 내릴지도 모른다. 그리고 그런 말을 듣는 당사자가 틀림없이 마음의 상처를 받을 거라고 인정할 수 있으리라. 이는 상대방을 사랑하고 안 하고의 문제가 아니다. 한때 상대방을 자기 인생을 더 나아지게 할 도구와 수단이라고 생각했다가 뜻대로 되지 않자 실망감에 그런 원망이 생긴 것이다.

모성애를 모든 여성이 가진 가장 선하고 위대한 사랑으로 여길 만큼 우리 사회가 모성애를 제대로 이해하지 못하고 있기 때문에 오히려 우리가 묵과하는 일들이 생긴다. 현실에는 자녀를 도구로 생각하는 엄마들이 분명히 존재한다. '자녀를 낳으라는 압박에서 벗어나기 위해', '남편에게 더 사랑받기 위해', '가정에서 더 높은 지위를 차지하기 위해'와 같은 이유로 자녀를 낳는 것이다. 모성애 신화를 맹목적으로 믿으면 우리는 가장 순수하고 위대해 보이는 사랑의 이면에 이기적인 동기가 숨어 있다는 사실을 인정할 수 없게 된다. 이 세상 모든 엄마가 자녀를 사랑하지 않는다거나 모성애는 전부 거짓말이라고 말하고 싶은 것이 아니다. 애초에 이기적인 동기가 있다고 해서 모성애로 발전할 가능성이 전혀 없다고 이야기하는 것은 더더욱 아니다. 이 점을 꼭 강조하고 싶다.

가끔 말로 표현하기 힘든 상반된 태도를 보일 때도 있었지만 엄마가 나를 키워주고 보살펴주면서 잘 대해주었다는 걸 느낄 수 있었다. 사람의 마음은 복잡다단해서 한마디로 딱 잘라 설명할 수는 없지만, 나는 그저 출산을 수단으로 여기고, 시간이 지나서도 자녀에 대한 자기중심적인 기대를 내려놓지 못하는 사람들도 있다는 점을 지적하고 싶었을 뿐이다.

사람은 저마다 다르다. 자녀를 사랑하는 법을 배우기 위해 열심히 노력하는 사람이 있는가 하면, 자식을 나의 일부이자 인생을 순탄하게 만들어줄 도구로 여기며 바라던 바를 이루지 못하면 자녀를 원망하고 미워하는 사람도 있기 마련이다.

우리는 '자녀가 있어야 인생이 완전해진다'는 이런 편파적인 생각을 퍼트리는 일을 멈춰야 한다. 그리고 마치 자식이 이미 풍비박산한 가정을 다시 뭉치게 하고, 무책임한 남편을 '돌아온 탕자'처럼 회심하게 할 수 있다는 식의 이야기를 강조해서도 안 된다. 실제로 현실에서 일어날 수 있는 이야기라도 항상 이야기에는 다양한 버전이 존재한다는 사실을 사람들에게 알려야 한다.

**행복하고 완전한 인생에 대한 희망을 타인에게 걸 수는 없다. 우리 인생에서 자녀도 타인이다. 스스로 얼마나 사랑받고 행복을 느끼느냐는 언제나 개체인 자기 자신에게 달렸다.** 자녀를 수단으로 여기면서 자녀로 인해 물질적으로 풍족해지면 자녀를 사랑하고, 가진 게 줄어든다 싶으면 사랑하지 않는 부모, 자식을 두고 마음속으로 이런 계산을 하는 부모는 진심으로 자녀를 사랑한다고 할 수 없다. 자식을 사랑하지 않는 이런 마음은 자녀에게 평생 씻을 수 없는 상처를 남긴다.

**모성애가 엄마에게
필요한 여유를 가져다준다는 믿음은
엄마가 느끼는 일상의 결핍을
무시하는 것이다**

아침에 아이를 학교에 보낼 준비를 하는데 아이가 너무 늦게 일어나서 자기가 원하는 스타일로 머리를 하지 못했다며 하염없이 울었다. 나는 인생이 내 뜻대로 되지 않는다는 걸 딸이 배우고 있다고 생각한다. 그래서 딸에게 감정을 마주하고 표현하는 법을 배우도록 시간을 주고 싶었다. 그런데 만약 내가 조금 늦게 집을 나서도 되는 전업주부가 아니라 서둘러 출근해야 하는 워킹 맘이었다면 분명 지금과는 다른 방식으로 일을 처리했을지 모른다. 자녀 곁에 있어주려면 차분한 마음과 상대적으로 자유롭게 시간을 쓸 수 있는 삶의 패턴이 필요한데, 어느 쪽이든 둘 다 본인이 원한다고 해서 가질 수 있는 건 아니다.

사람들은 흔히 엄마가 자녀를 낳으면 '여유'가 생긴다고 가정한다. 모성애가 생기고 거기서 오는 인내심과 끈기 덕분에 스트레스가 머리끝까지 차올라도 마음을 가라앉히고 침착하게 자녀를 대할 수 있다는 것이다. 바로 이런 생각 때문에 인내심을 잃고 자녀에게 소리치거나 욕하는 엄마는 자녀를 사랑하지 않는다는 꼬리표가 붙고 '엄마로서 자격 미달'이며 '천성'인 모성애가 없다는 소리를 듣는다.

하지만 그들이 가정한 여유가 진짜 여유라고 할 수 있을까? 예전에 어느 산부인과 의사가 쓴 온라인 칼럼을 읽은 적이 있다. 엄마가 갓난아기를 충분히 보살피지 못해서 산후 우울증이 생긴다는 이야기였는데, 모든 포유류가 새끼 옆에 24시간 붙어 있으면서 다정하게 안아주고 젖을 준다는 걸 근거로 들었다. "옥시토신은 사람의 마음을 차분하고 편안하게 한다." 그래서 출산 후 산후 조리원 등에서 아기를 간호사에게 맡겨 돌보게 하는 행위나 엄마와 아기가 한 방에 있는 걸 강제하지 않는 현대 병원 시스템이 "자연적인 천성에 위배된다"는 주장이었다.

글쓴이는 산후 우울증에 걸리는 사람이 늘어나는 이유를 "엄마가 직접 아기를 돌보는 경우가 줄어들어서"라고 보았다. 보모, 산후 도우미, 산후 조리원, 산모의 부모 등이 아기를 엄마와 떨어뜨려 엄마가 아기와 친밀하게 접촉하고 옥시토신을 다량으로 분비할 기회가 사라졌다는 주장이다. 옥시토신은 행복감, 친밀감, 즐거움을 느끼게 하는 호르몬이다. 글쓴이의 주장에 따르면, 여성은 출산 후 분비되는 옥시토신 덕분에 행복한 기분으로 아기를 돌보며 아기와 함께 시간을 보내면서 더 많은 옥시토신이 분비된다고 한다. 남성은 옥시토신을 생산하지 않기 때문에 부성애는 후천적인 능력이라고 말했다.

이 글을 읽고 나는 아기와 한방에 있어야 한다는 규범에 얽매여 우울증에 빠진 수많은 여성을 본 적이 있느냐고 글쓴이에게 묻고 싶었다. 아이를 봐줄 사람이 없어 하루에 다섯 시간도 못 자고 외로움과 무기력에 시달리다가 결국 산후 우울증에 걸려 건물에서 뛰어내리거나 아기를 안고 자살하는 사람들의 사례는 수도 없이 많다. 옥시토신이 정말 그렇게 신기한 물질이라고 치자. 글쓴이의 논리에 따르면 육아를 도와줄 사람이 없는 엄마가 세상에서 가장 행복해야 한다. 자연적인 천성 덕분에 사회와 동떨어져 가장 원시적인 출산과 육아의 기쁨을 맛볼 수 있으니 말이다.

이것도 실제로 그렇다기보다 머릿속으로 상상해낸 여유일 것이다. 엄마의 몸에 장착된 생리적 메커니즘들이 무슨 끊이지 않는 천연자원인 양 출산 후 엄마가 직면하는 여러 문제를 해결할 수 있다는 식이다. 여기에서 말하는 문제란, 예를 들면 상처 통증, 모유가 안 나오는 것, 출산 후에 느끼는 피로감, 성

생활에 대한 무력감으로 일어날 수 있는 결혼 생활의 위기 등이다.

산후통이나 모유가 안 나오는 것, 아기를 재우기 힘들어서 충분한 수면을 취하지 못하는 것 등의 문제가 없더라도 24시간 아기와 한방에서 지내며 기존 사회생활과 격리되는 것만으로도 엄마는 인간관계가 좁아지고 일상생활에서 성취감을 느끼기 어려우며 외부의 인정을 받지도 못한다. 이런 요소가 유발할 수 있는 심리적인 압박과 우울감은 옥시토신에 대한 미신에 가려져 철저히 무시당한다. 이는 '엄마가 되면 강해진다', '엄마로서 극복하지 못할 고통과 어려움은 없다'는 미신과 매우 유사하다. 이런 미신들이 우리 사회에 팽배하기 때문에 엄마가 되고 무력감을 느끼는 여성들이 도움을 청할 곳은 더더욱 없어진다.

내 개인적인 경험과 주변 사람을 관찰한 결과를 종합해보면 엄마가 되면 여유보다는 결핍을 느낀다. **사람들은 엄마가 넘치는 모성애와 정신력으로 다양한 문제를 해결한다는 환상을 가진다. 하지만 사실 고립된 엄마는 채워지는 것은 없고 곳곳에서 끊임없이 퍼주라는 요구를 받기 때문에 공허함만 느낄 뿐이다.** 자녀를 등교시키는 일만 해도 그렇다. 서둘러 출근해야 하는 사람은 시간이 부족하다. 시간이 부족하면 인내심도 부족해질 수밖에 없다. 아이에게 감정을 전달하는 법을 차근차근 알려

주어야 더 좋다는 걸 머리로는 알지만, 현실에서 실천할 수 있는 사람이 과연 얼마나 될까?

우리는 경제적, 시간적, 체력적으로 저마다 결핍이 있는 상황에서 부단히 노력하고 있다. 본인 스스로 자원이 풍족한 상태에서 자녀를 돌본다고 생각하는 사람은 극히 드물다. 그런데 그걸 입 밖으로 꺼내는 순간 "엄마가 되어서까지 무슨 생각이 그리 많으냐"라는 말을 듣게 된다. 사랑의 결핍을 겪는 것이다.

주변 사람의 관심이 전부 아이에게 쏠리다 보면 엄마에게 필요한 관심과 배려는 줄어들 수밖에 없다. 엄마도 사람인지라 인간적인 대우를 받아야 한다. 엄마에게도 다른 사람의 관심과 사랑이 필요하며 일방적으로 주기만 할 수는 없다. 덕분에 나는 엄마가 평생 느낀 원망과 불평 그리고 그것들이 나와 그녀의 마음에 남긴 상처를 이해할 수 있었다. 주변 사람들이 엄마의 결핍을 무시하거나 부정하면 그 결핍은 그녀가 자녀를 대하는 태도에 어떻게든 영향을 미친다.

내 경우를 예로 들어 보겠다. 나는 태어나기 전부터 이미 시골에 있는 할머니가 키우기로 가족끼리 이야기가 되어 있었다. 그렇게 되면 엄마는 자기가 하고 싶고 성취감도 느낄 수 있는 일을 계속할 수 있었다. 그래서 엄마는 나를 낳고 사흘 만에 단유 주사를 맞고 모유 수유를 중단했다. 그런데 친가의 의견은 달랐다. 할머니가 나와 나이가 비슷한 손아래 사촌 여동생도 돌봐야 했기에 내가 큰집에서 지내면 여러 가지로 부담이 크지 않을까 걱정한 것이다. 결국 정해진 약속이 취소되고 엄마는 어쩔 수 없이 직장을 그만두어야 했다. 단유 주사도 괜히 맞은 꼴이 되어버렸는데, 이는 훗날 엄마의 유방암 발병 원인으로 의심되기도 했다.

하고 싶은 일을 억지로 포기하고 유방까지 절제한 엄마에게 그 일은 평생의 상처로 남았다. 그래서인지 엄마는 내가 뭔가를 이뤄서 기뻐하면 나를 보며 이렇게 말했다. "엄마가 너 때문에 유방암에 걸린 건 아니?" 그럴 때마다 나는 순간 멍해져서 무슨 말을 해야 할지 몰랐다. 장자로서 세상에 태어날 때도 엄마를 크게 고생시키지 않은 오빠에 비해 내가 자주 들은 말이 있다. 내가 엄마 품에서 자라며 편안함과 여유를 누릴 수 있었던 것은 엄마가 자신의 건강과 업무적 성취감을 포기한 덕분이라고 말이다.

아빠는 엄마에게 왜 그 일을 내려놓지 못하고 할머니와 친가의 입장을 이해하지 않느냐며 답답하다는 식으로 매번 "이미 다 지나간 일이잖아"라고 말했다. 그런데 유방암에 걸려 여성의 신체적 상징을 절제하고, 평생 수술 부위에서 느껴지는 가려움과 림프 통증으로 고생할 엄마에게 가장 필요했던 건 다름 아닌 이해와 인정이었다.

아빠는 엄마를 아껴줄 줄 몰랐다. 그래서 엄마는 아빠가 아닌 나에게 인정을 갈구했다. 엄마는 나를 낳았을 때 그런 일들이 일어났고, 그것이 그때 당시와 그 후 엄마의 인생에 돌이킬 수 없는 영향을 끼쳤다는 것을 내가 알기를 바랐다. 나는 움푹 들어간 엄마의 가슴을 볼 때마다 엄마가 신체 일부를 도려내 나를 키웠다는 생각이 든다. 그렇기에 나는 양심의 가책을 느낄 수밖에 없는 운명이다. 내가 아니었다면 엄마는 지금쯤 전혀 다른 인생을 살고 있을지도 모른다.

나도 물론 도망치고 싶거나 의문을 가질 때가 있었다. '만약 그 대상이 내가 아닌 오빠였다면 엄마가 이렇게까지 원망했을까'라는 생각도 들었다. 아들과 딸을 다르게 대하는 엄마들이 있다. 그들에게 아들은 원망하거나 죄책감을 느끼게 하고 싶지 않은 대상이다. 아들에게는 늘 애틋함을 느끼지만 딸에게는 감정적으로 동조해주기를 바란다.

사실 내가 아니었으면 어땠을까 하는 상상은 아무 의미가 없다. 과거는 이미 일어난 일이라 책임을 지고 안 지고는 내가 선택할 수 있는 문제가 아니다. 다만 세상 사람들이 말하는, 엄마가 직접 자녀를 보살폈을 때 생긴다는 그 여유가 현실에서 수많은 여성이 마주하는 결핍과 극명하게 대비되며 아이러니하게 느껴질 뿐이다.

어떤 엄마들은 이런 결핍 때문에 감정을 주체하지 못하고 육체적으로나 정신적으로 자녀에게 상처를 남긴다. 그 상처는 마치 개인적인 이유에서 비롯한 듯 보이지만 그 이면에는 사회적인 원인이 숨어 있다. **모든 여성은 엄마가 되면 강해지고 타고난 모성애나 옥시토신으로 어떤 어려움이든 헤쳐 나갈 수 있다고 사회 전체가 가정하는 건, 현실에서 여성이 겪는 결핍을 무시하는 것이다.** 안 그래도 결핍이 있는 상태에서 시간, 체력, 돈, 정신적 지지와 만족감까지 부족하면 아이에게 순수한 사랑 대신 사랑과 원망이 혼재하는 복잡한 마음의 짐을 줄 수밖에 없다.

## 집에서 책임지지 않는 사람이 있으면 과도하게 책임지는 사람도 있다

가족 문제로 힘들어할 때 내가 들은 가장 따뜻했던 한마디는 "자책하지 마"였다. 당시 나는 하소연하면서도 내심 두려웠다. 듣는 사람이 '가족한테 저런 대우를 받다니, 본인한테도 문제가 있는 게 틀림없어'라고 생각할까 봐 걱정했다. 그런데 뜻밖에도 상대방은 내 어깨를 두드리며 "자책하지 마"라는 한마디를 건넬 뿐이었다. 나는 이미 얼굴이 눈물로 뒤범벅이 된 상태였는데 그 말이 놀랍기도 하고 믿기지도 않아서 폭포수 같은 눈물을 왈칵 쏟아내었다. 그 말이 위로가 되어서라기보다 내가 진짜 괴로웠던 부분을 알고 이해해준 것 같았기 때문이다.

가족을 이해할 수 없고 억울하다며 제 딴에는 "나를 이런 식으로 대하는 건 진짜 너무하지 않아?"라고 당당하게 말하면서도 여전히 가슴 깊은 곳에는 두려움과 자기 회의가 남아 있었는데, 이것은 나조차 명확하게 인식하지 못한 슬픔이자 연약함이었다. '일이 이렇게 된 건 전부 내 탓일지도 몰라. 내가 말을 똑 부러지게 못하고 전달력이 부족해서, 말을 예쁘게 못해서 상대방이 내 호의를 악의로 받아들인 거야. 내가 너무 늦게 독립해서 그래. 그동안 쭉 말을 잘 들었잖아. 그러니까 확실하게 자기 의사를 표시하는 이런 당연한 일을 자기 말을 거역하는 것으로 받아들이거나 가족에게 감사할 줄 모르고 대든다고 여기는 거야······.'

만약 내가 다른 형제처럼 부모와 원활하게 소통하고 무슨 일을 하든 응원과 지지를 받았다면 아마 일이 이렇게까지 되지는 않았을지 모른다. 하지만 분명히 나는 누구보다 가족과 화목하게 지내기를 바라고 행복한 가정을 꿈꾸던 사람이었다. 20대 때도 친구들이 해외 유학을 가고 더 높은 곳을 꿈꿀 때 나는 행복한 가정이 제1순위라고 말했다. 지금도 그 꿈은 변함이 없다. 여전히 내가 편하게 말할 수 있고 나답게 지낼 수 있는 곳을 원한다. 더우면 더울세라 추우면 추울세라 가족끼리 서로 살뜰히 돌보고 힘들지는 않은지 관심을 가지며 집 밖에서 받은 상처를 보듬어주길 바란다.

나는 친구에게 하소연하며 "자책하지 마"라는 말을 듣고 내 마음속에 꾹꾹 눌러둔 분노와 슬픔 이외에도 스스로에 대한 뿌리 깊은 불신이 자리하고 있다는 사실을 깨달았다. 나는 어떤 문제가 발생하면 내 잘못이라고 생각하는 경향이 있다. 일이 좀 잘못되거나 상대가 내게 불만이 있을 때, 또는 사람들이 대놓고 나 때문에 '잠을 설쳤다, 우울하다, 체중이 줄고 병이 났다'라고 말하기만 해도 내가 문제라며 자책하곤 했다.

미성숙한 사람을 포용하지 않는 것은 내가 그들보다 더 성숙하지 못하다는 걸 증명하는 일밖에 되지 않는다. 그런데 내가 미성숙한 모습을 보이는 건 더더욱 용납되지 않는 듯하다. 왜냐하면 다른 사람들이 이미 미성숙하기 때문이다. "네가 좀 더 이해해줄 수는 없어?" 나는 그런 비난이 마음을 쿡쿡 찌르는 것 같다가도 한편으로는 또 말이 되는 것처럼 느껴졌다.

'그래, 내가 이해하면 되지 않을까? 내가 좀 참고 양보하면 아무 일 없잖아? 상대방이 그런 성격인 거 진즉에 알지 않았어? 그 사람이 거절을 못 견딘다는 사실을 알면서도 거절했잖아. 그래 놓고 다른 사람까지 피해 본다며 죄책감을 느끼면 좀 그렇지 않나? 그런데 대체 왜 항상 내 감정과 생각은 뒷전일까?'

분노와 슬픔을 느끼면서도 나는 왜 그런 감정을 느끼는지 몰라 끊임없이 자책했다. 사실 속으로는 내가 그런 대우를 받았다는 것 때문에 슬퍼할 '자격이 없다'고 믿은 것 같다. 모든 일에는 원인이 있는데 나는 그 원인이 나한테 있다고 생각했다. 언제부터 스스로 과도하게 책임을 부과하는 성향이 되었는지는 모르지만 이런 성향이 내가 남과 나를 대하는 방식에 깊은 영향을 끼친 것만은 분명하다.

**자책하지 말라던 친구의 말은 줄곧 마음속으로 자책하던 나를 구원했다. 그리고 억울해 보이던 나의 모든 하소연 뒤에는 스스로를 미워하고 전부 다 내 잘못이라고 여기는 어린아이가 있었다는 사실을 깨달았다.** 나는 스스로 더 나아질 수 없다는 생각에 피로했고 과도한 책임과 기대를 떠안는 사람이 왜 나인지도 이해할 수 없었다. 유능한 사람이 일을 많이 한다는 말은 우리 집에서 풍자적인 의미로 쓰였다. 성별이나 나이는 상관이 없었다. 물론 성별과 나이를 기반으로 하는 경우가 많기는 했지만, 그것과 무관하게 일단 상처를 감당하고 남들이 기피하는 책임을 질 능력이 있다고 여겨지는 내가 그 책임을 거부하면 그건 나에게 문제가 있는 것으로 여겨졌다.

남들이 회피한다고 해서 그게 잘못되었다고 생각하는 사람은 아무도 없다. 다만 능력이 있기 때문에 회피할 자격이 없다고 여겨지는 사람에게 비난의 화살이 향한다. "저 사람 진짜 말이 안 통해! 그러니까 네가 가서 얘기 좀 하라고." 가장 비합리적이며 있는 대로 성질을 부려서 너도나도 무서워하는 사람이 집안의 주도권을 장악하는 상황이 벌어지면 나머지 사람은 이런 식으로 책임을 전가한다. 그가 화풀이하는 대상이 지금 나만 아니면 되는 것이다. 이렇게 희생양으로 뽑힌 사람은 집안의 유일한 천덕꾸러기가 되고, 다른 사람들은 평온한 생활을 누린다. 그러다가 가끔 나서서 학대와 모욕을 받는 '희생양'에게 왜 얌전히 굴지 않느냐고 나무란다.

가정은 한 번도 공정함을 중요하게 생각한 적이 없다는 게 바로 가정의 역설이다. 가정은 늘 총체적으로 움직이며 구성원 모두에게는 저마다 다른 역할이 주어진다. 유치한 사람이 있으면 반대로 매우 성숙한 사람도 있어야 한다. 가정을 풍비박산 내거나 표면적인 평화를 깨트리면 안 된다는 것이 모든 가족 구성원의 암묵적인 공식이 되었다. 이 목표를 위해 한두 명의 희생은 합리적이라고 여겨진다.

개인이 가정을 위해 존재하지, 가정이 개인을 보호하기 위해 존재하는 것이 아니다. 추상적이기는 해도 이런 생각이 가정에서 추구하는 최고의 목표가 되었을 때, 화목해 보이는 가족사진 한 장을 찍기 위해서 누군가의 마음을 산산조각 내는 일도 서슴지 않는 가정이 수두룩하다.

서로서로 잘 지내는 건 모두의 책임이다. 타인을 존중하는 일도 마찬가지다. 하지만 가정에서 누군가 어떤 일을 해내지 못하면 그 사람은 존중받지도 못하고 그가 가정을 등지는 일도 허락되지 않는다. 그 사람은 가정을 위해 임무를 완수하지 못했다는 비난을 받는다. 가족에 대한 사랑이 부족하고 미성숙하며 이기적이라고 말이다.

나는 사람마다 짊어지는 책임의 크기가 왜 이렇게 다른지에 대해 자주 생각한다. 한 가정 안에서도 책임감이 천양지차인 이유는 가정이 돌아가는 방식 때문이다. 한 번도 개인 사이의 평등을 중시한 적이 없고 적게 일하는 사람이 있으면 더 많이 일하는 사람도 있다. 그래서 부모가 가정에서 똑같은 가치관을 전달해도 자책하지 않는 사람이 있는가 하면 지나치게 자책하는 사람도 있는 것이다. **"집은 이치를 따지는 곳이 아니라 정을 베푸는 곳이다."** 세간에 유행하는 이 말을 곧이곧대로 믿었다가는 **이치를 따지지 않는 곳이야말로 가장 무자비하다는 사실을 완전히 놓칠 수 있다.**

누가 괴로운 일을 떠안을지, 폭풍처럼 파괴력이 엄청난 가족 구성원의 성질과 스트레스를 누가 감당할지, 아무도 하고 싶어 하지 않지만 누군가는 반드시 해야 하는 그 일을 누가 맡을지 등의 책임은 정서적 협박을 받는 사람에 의해 완성된다.

이 사람은 남들처럼 공정함을 요구할 수 없다. 요구했다가는 미성숙하다거나 이기적이고 가정을 돌보지 않는다는 비난이 돌아온다. 유능한 사람이 일을 많이 한다거나 언뜻 들었을 때 말이 되는 듯한 이런저런 말 때문에 가장 많은 책임을 떠안는다. 집은 이치를 따지는 곳이 아니라 정을 베푸는 곳이라던 사람들은 과연 이 사람에게 얼마나 정을 베풀고 있을까? 만약 이 사람의 감정은 개의치 않고 단순하게 이 사람이 껄끄러운 일을 맡아주었다거나 울며 겨자 먹기로 총대를 맸다는 사실에 마냥 기뻐한다면, 가정 안에 마땅히 있어야 할 사랑이 정말 존재한다고 할 수 있을까?

**사람과 사람이 서로 존중하고 평등하게 교류하며 상호 작용하지 않는다면 가족 간의 사랑도 기존 질서를 보호하기 위해 만들어진 환상에 불과하다.** 게다가 그런 말들이 무기로 쓰일 수도 있다. 남들의 기대에 부응하지 않고 요구한 대로 따르지 않을 때 누군가가 이렇게 말하곤 한다. "우리가 괜히 널 사랑했나 보다."

사랑받기를 갈망한 사람은 남에게 이리저리 휘둘린다. 그러면서 자신이 갑절로 책임지고 인내하며 양보했으니 언젠가는 사람들이 감동하고 감사하거나 조금이라도 자신을 '사랑'해주리라고 기대한다. 하지만 그 희생에 진심으로 감사하고 감동하는 사람은 사실 정서적 협박으로 남에게 자기가 하기 싫은 일을 강요하지 않는다.

지나치게 책임을 많이 지는 사람은 그 수고가 당연하게 여겨진다. 심지어 지쳐서 맡은 일을 해내지 못하면 충분히 노력하지 않았다는 의심까지 받는다. 반면 이제껏 한 번도 제대로 책임진 적이 없는 사람은 원래 내 일이 아니었다는 식으로 편하게 행동한다.

나는 "집은 이치를 따지는 곳이 아니라 정을 베푸는 곳이다"라는 말을 매우 싫어한다. 여기에서 말하는 '정'이란 사람들이 따뜻함과 안전감을 느끼는 '정'도 아니고, 누군가 당신의 감정에 신경 쓴다는 의미의 '정'도 아니다. 그냥 정서적 협박을 위한 '정'이다. 군중이 소수의 사람 또는 한 사람에게 떼로 달려들어 정서적 협박을 가하며 남들이 하기 싫어하는 일을 시키고 고마워하지도 않는다. 이는 표면적인 가족의 평화를 위해 누군가를 희생하는 제사와 다를 바 없다.

# 상처받은 아이는
# 상처 주는 것도 사랑이라고
# 늘 믿고 싶어 한다

방을 정리하다가 고등학교 때 영어 연극 대회에 나가서 찍은 사진을 발견했다. 당시 나는 각본을 맡았는데, 스토리 구성과 캐릭터 설정, 대사를 쓰는 일까지 전부 내 몫이었다. 내가 쓴 건 어느 가족의 이야기였다.

이 이야기에는 평범한 직장인 아빠, 개성 강한 엄마, 반항적인 누나, 심드렁한 남동생, 그리고 공원에 살면서 항상 쓰레기통 옆 벤치에 앉아 있는 부랑자가 등장한다. 인물 설정에서 알 수 있듯이 화목한 가족은 아니다. 이 가족은 항상 서로 지적하기 바쁘다. 존재감 없는 아빠는 집안의 분쟁을 가라앉히고 아내가 딸과 부딪히지 않기를 바라지만, 그럴수록 아내는 남편이 자식을 제대로 다잡지 않고 가정에 소홀하다고 여긴다.

공부 잘하는 남동생은 그저 공부하는 데 방해받고 싶지 않을 뿐이다. 남동생을 향한 부모님의 편애 때문에라도 누나는 자신에 대한 부모의 관리와 통제를 받아들일 수 없다. 내 기억으로는 5막으로 구성된 연극이었는데 상황은 두 가지뿐이었다. 하나는 저녁 식사 시간에 온 가족이 식탁에서 서로 비난하거나 냉전 중인 상황, 다른 하나는 아빠가 서류 가방을 들고 싸늘한 집안 분위기에서 벗어나 공원 벤치에 앉아서 말 없는 부랑자에게 원망과 고충을 털어놓는 상황이었다.

이 집에서는 모든 사람이 원망했다. 아빠 역할을 한 사람에게 써 준 대사 한마디가 아직도 기억난다. 아빠는 부랑자의 자유를 부러워하며 이렇게 말했다. "No wife, no kids, no trouble." 공연 당시 이 부분에서 심사위원들이 웃었던 것 같다. 지금 생각해보면 어떻게 그런 각본을 썼을까 싶다. 다른 반에서 어느 고고학자가 죽었다가 다시 살아난 미라 공주를 만나 연애하는 로맨틱한 이야기를 공연할 때, 나는 벌써 무거운 분위기의 가정극을 쓰기 시작했다.

아주 어렸을 때부터 결혼과 가정은 나의 관심 대상이었다. 『결혼 생활에서 느끼는 고독』이라는 결혼 관련 책을 출판하고 라디오 프로그램에 초대받은 적이 있다. 진행자는 책 내용만 보고 내가 결혼한 지 삼사십 년쯤 된, 결혼에 도가 튼 사람인

줄 알았다며 놀라워했다. 당시 나는 결혼한 지 10년도 채 되지 않았다. 아마도 내가 결혼하고 뒤늦게 결혼과 가정에 대해 생각한 것이 아니어서 진행자가 그렇게 생각했을지도 모른다.

나는 어려서부터 부모님의 결혼 생활을 지켜보며 사랑, 결혼, 가정, 친밀한 관계란 대체 무엇인지를 생각했다. 특히 부모님은 왜 항상 결혼 생활의 매 순간이 상처로 얼룩져 있다고 말하는지가 의문이었다. 자기가 좋아하는 사람과 자유롭게 연애하고 결혼한 것 아닌가? 생각이 단순한 아이로서는 사람은 왜 가장 합리적인 선택을 하지 못하고 자신을 멍들게 하는 사람과 계속 같이 있는지 이해할 수 없었다.

오히려 이혼은 이해가 된다. 적어도 당시 나에게는 사이가 좋으면 같이 있고 사이가 나쁘면 헤어지는 것이 꼭 꼬마들이 서로 싸우고 절교하는 일처럼 느껴졌다. 그때는 내가 너무 어려서 누군가에게는 이혼도 고달픈 일이라는 사실을 이해하지 못했다. 그래서 자기가 좋아하는 사람과 결혼하는데 왜 그렇게 고통스러워지는지 혼란스러웠다. 어른들에게 들을 수 있는 설명에도 한계가 있었다. 양쪽 다 상대방 잘못이라는 생각뿐이었으니까.

영어 연극의 제일 마지막에는 아빠가 또 부랑자를 찾아가서 하소연하는 장면을 넣었다. 아빠가 자기 인생을 불평하면서 거치적거리는 것 없이 혈혈단신인 부랑자의 자유를 부러워하자, 이제껏 말 한마디 없던 부랑자가 갑자기 화를 내며 옆에 있던 쓰레기통을 걷어찼다. "나는 당신 쓰레기통이 아니야!" 내가 지시한 대로 '부랑자'는 아빠 역할을 한 사람과 객석을 향해 소리쳤다. "난 누구의 쓰레기통도 아니야! 매번 찾아와서 싫은 얘기를 해대는데, 사람이 참고 들어주는 데도 한계가 있다고!" 아빠의 놀란 모습으로 연극은 막을 내렸다. 아빠는 부랑자를 귀가 안 들리거나 말을 못 하는 사람으로 여겼기 때문에 있는 얘기 없는 얘기를 다 털어놓아도 뒤탈이 없겠다고 생각한 것이다. 상대가 자기보다 잘 지내는 것 같으니 이런 이야기를 들어도 아무 부담이 없으리라고 지레짐작하기도 했다.

사실 나는 이 연극에서 부랑자에게 나를 투영했다. 나는 가족의 일원이라기보다 이야기를 들어주기만 하고 대답하면 안 되는 존재였다. "네가 제일 속 편하지! 고민이라고는 눈곱만큼도 없잖아." 내 입장에서는 억울하지만 이런 신랄한 말을 들어도 화내거나 말대답할 수 없었다. 나는 줄곧 감정 쓰레기통처럼 취급받았다. 남들이 갖다 버린 부정적인 감정이 가득 차서 언젠가는 터져버릴 수 있는 감정 쓰레기통 말이다. 설령 아내의 등쌀에 기도 못 펴고 자녀에게 무시당하며 밥 한 끼도 제대로 못 얻어먹는 불쌍한 사람이라도 상대적으로 자기보다 불쌍하고 이용하거나 무시할 대상이 있었다.

나는 그런 느낌을 표현하고 싶었다. 자신의 고통에 몰두하며 이 집에서 자신이 제일 불쌍하고 힘든 사람이라고 느껴질 때 내가 남에게 잔인하게 구는 건 깨닫지 못한다. 자기가 가장 슬프고 불쌍하다고 생각하기에 남에게 수많은 부담을 지우는 것이다. 모든 사람에게는 유쾌하지 않은 부분과 불쌍한 면이 있다. 하지만 불쌍한 사람에게는 반드시 그럴 만한 이유, 즉 자업자득인 측면이 있다.

숨 막힐 정도로 집에서 극심한 스트레스를 받는 사람 곁에는 물에 뜬 부목처럼 단단히 붙잡혀 무슨 말이든 해도 되는 사람 취급을 받고, 비밀 유지 의무뿐만 아니라 정서적인 압박까지 감당해야 하는 사람이 항상 존재한다. 고등학생이었던 내가 가정에 대해 그런 극본을 썼던 걸 보면, 역시 사람은 창작할 때 가장 많은 것이 드러나는 듯하다. 당시에 내가 의식을 했는지 안 했는지와 무관하게 창작은 자기 의사를 표현하고 입장을 표명하는 수단이라고 할 수 있다.

내가 결혼과 가정에 대해 남들과 조금 다르게 느낀다는 사실을 알게 된 또 다른 경험이 있다. 대학원 시절 국제결혼과 국제 이주를 주제로 다루는 수업에서 교수가 외국인 배우자와 관련된 다큐멘터리를 틀어주었다. 가난한 나라에서 대만으로 시집와 뇌성 마비인 남편과 열심히 사는 아내가 나왔다. 친정에 갈 돈을 부쳐달라고 남편에게 요구하다 말다툼으로 번지면서 아내가 욕을 퍼부었다. "돈 때문이잖아! 돈만 아니었으면 내가 뭣 하러 당신한테 시집을 왔겠어!" 결혼의 참혹한 현실이 눈앞에 펼쳐졌다.

교수가 학생들에게 다큐멘터리를 본 소감을 묻자 같은 조원인 선배 언니가 말했다. "둘 사이에 사랑이 없는 것 같아서 보기 힘들었어요." 나도 보면서 마음이 안 좋았다. 특히 자기 의사와 상관없이 부모가 다투는 모습을 옆에서 지켜봐야만 하는 아이가 너무 가여웠다. 하지만 영상에서 남편이 선물을 사주며 아내를 달래고, 식구가 다 같이 여행가는 장면이 떠올라 나는 이렇게 말하지 않을 수 없었다. "그래도 저는 사랑이 있다고 생각해요." 선배가 나를 놀란 눈으로 쳐다봤지만 나로서도 어떻게 설명해야 좋을지 몰라 "아마 있지 않을까요? 감정에는 여러 종류가 있으니까요"라고만 말했다. 설득력이 없는 내 말에 선배는 더 이상 캐묻지 않고 넘어갔다.

지금 생각해보면 다큐멘터리에 나온 부부 사이에 정말 사랑이 존재한다고 믿었다기보다 그렇게 믿고 싶은 마음이 아니었을까 싶다. 서로 사이가 좋을 때는 화기애애하게 가족사진도 찍고 평범한 가족처럼 여행도 가며 함께 식사하며 웃고 떠들다가, 사이가 나쁠 때는 밑바닥을 드러내고 상대의 가장 약한 부분을 짓밟는 것을 살면서 한두 번 본 게 아니었기 때문이다. 좋을 때는 모든 게 정상이고 나쁠 때는 평소에 좋았던 부분도 전부 엎어버릴 수 있는 가정에서 자란 나는 젊은 시절 다른 사람과 이런 이야기를 나눠본 적이 없었다. 왜냐하면 다른 집도 다 우리 집 같은 줄 알았다. 화가 나면 막말을 퍼붓고 싸울 때는 너나 할 것 없이 물불 안 가리며 이기려고 들었다. 나는 그게 싫었지만 이게 정상이라며 나름 이해해보려고 노력했다.

아무리 상처받아도 다음 날 아이가 조심스럽게 정적을 깨면 또 언제 그랬냐는 듯이 아무 일도 없었던 것처럼 굴 가능성이 높았다. 나는 그런 관계에도 사랑이 있다는 걸 부정할 수 없었다. 그건 곧 내가 자란 가정을 부정하는 일이었기 때문이다. 부모는 결혼 얘기를 하면서 이런 말을 했다. "누구누구가 그러는데, 자기는 예전에 남편이랑 싸우면 도끼 같은 걸 들고 뒤뜰에 가서 나무를 베었다는 거야. 죽이고 싶을 만큼 남편이 미우니까……."

이런 여러 이야기를 듣고 자란 내 머릿속은 결혼에 대한 의심으로 가득했다. 정말 모든 부부가 다 이럴까? 앞에서는 하하, 호호 웃으면서 뒤에서는 상대방을 죽이고 싶어 한다고? 자살하고 싶을 만큼 괴롭거나 상대를 죽이고 싶을 만큼 서로 미워하는 것이 결혼의 현실이고 진실일까? 하지만 자녀는 자기 의사와 상관없이 이미 그런 세상에 태어났기에 아무리 의심스러워도 부모의 해명을 믿으려고 하며, 자기가 사랑이 넘치는 가정에서 자라기를 바라기에 부모의 사랑을 부정하지 않는다. 하지만 이로 인해 나는 비관적인 생각을 하게 되었다. 인생에는 딱히 기대할 요소가 없으며 불안하지 않은 가정은 그저 희망 사항에 불과하다고 말이다.

자녀는 자신이 태어난 원가족의 방식을 곧이곧대로 받아들일 수밖에 없다. 거기다가 부모는 자신의 완벽하지 않은 부분을 변명하기 위해 구실을 찾고 자녀에게 자기 행동을 합리화한다. 그래서 자녀는 관계란 좋을 때도 나쁠 때도 있으며 소위 사랑하는 관계에서도 서로 공격하고 상처를 줄 수 있다는 것을 받아들인다.

예전에는 내가 남보다 더 성숙하고, 사랑과 결혼이 꼭 아름답지만은 않다고 생각하는 것이 '좀 더 폭넓은 시각'으로 결혼과 가정을 이해할 수 있다는 뜻으로 받아들였다. 그런데 대학원 수업 시간에 질문을 받고 순간 말문이 막히는 경험을 하며 깨달았다. 내가 부모처럼 그럴듯한 말로 꾸며댔지만, 속으로는 결혼과 사랑에 대한 그런 설명을 썩 좋아하지 않았다는 것을 말이다. 그리고 마음속에서 늘 떠나지 않던 그 위화감이 원가족 때문에 생긴 사랑에 대한 의구심이었다는 점도 알게 되었다.

만약 사랑하는 사람끼리 당연한 듯 서로 공격하고 상처 주며 사이가 틀어져 원수지간이 된다면 과연 사랑에 동경할 만한 가치가 있다고 할 수 있을까? 오히려 사랑이 담담한 우정과 예의보다 더 위험하고 쉽게 상처 주는 것은 아닐까? 이런 생각을 한다는 것 자체가 부모를 배신하는 일처럼 느껴졌다. 왜냐하면 부모의 생각이 틀렸고, 우리 집이 특별한 사례일지 모른다며 의심하는 일이나 마찬가지였기 때문이다. 그래도 나는 여전히 마음속으로 그 답을 찾고 싶다는 충동을 억누를 수 없었다. 이제껏 품어왔던 사랑에 대한 의혹을 해소하고 '어쩌면 나는 조금 다를 수 있다'는 기대를 실현하고 싶었다. 나답게 살고 내 생각과 바람을 실현하겠다는 것은 부모에게 반기를 드는 일이 될 수밖에 없다. 인생에 대해 부모와 다른 신념을 가지고 있어서 자기가 원하고 부모도 인정해주는 길을 순조롭게 걸어가는 일이 불가능한 사람도 있다.

행복한 가정에 대한 동경을 포기하고 싶지 않은 마음과 결혼하면 다 똑같다는 부모의 말에 대한 일말의 의심을 안고 나는 기어이 내 가정을 꾸렸다. 친밀한 관계에 대한 두려움을 극복했다기보다는 그 두려움을 안고 내린 결정이었다. 물론 결혼 생활 10년 동안 충돌이 아예 없지는 않았다. 하지만 상대가 일부러 내게 상처를 준다거나 나를 미워한다는 느낌을 받은 적은 단 한 번도 없었다. 원가족과 있을 때처럼 한번 싸웠다 하면 평온했던 일상이 뒤집히고 가족 전체가 붕괴할 듯한 느낌도 받지 못했다.

예전에 내가 배운 사랑에 대한 설명을 떠올려보면 대체 사랑의 어디가 좋은 건지 알다가도 모르겠는 느낌이었다. 사랑이라고 하면 자동으로 원망과 증오가 가득한 장면이 떠올랐기 때문이다. 나는 이제야 마침내 내가 원하는 방향으로 걸어가는 기분이다. 만약 내가 예전처럼 한번 공격하기 시작하면 끝장을 보는 관계에도 사랑이 있다고 믿었다면 지금도 스스로 비슷한 지옥을 만들어 '상처 주는 것도 일종의 사랑'이라고 맹신했을지도 모른다.

이처럼 부모가 자기 잘못을 합리화하면 자녀에게 잘못된 믿음을 심어줄 수 있다. 나도 이제는 부모로서 친밀한 관계, 부모와 자식 관계에 무슨 일이 생기면 서로 소통하고 존중하며 관심을 가져야 한다고 전보다 자주 스스로 상기시키는 편이다. 서로 애틋하고 상대방이 상처받기를 원치 않으며 어떤 상황에서도 이성의 끈을 놓지 않는 가정을 바라기도 하고, 완벽하지는 않아도 결혼과 가정이 따뜻하고 안전하다는 사실을 자녀가 느꼈으면 하는 마음도 있다.

이런 생각이 친밀한 관계에 대한 자녀의 목표를 올바른 방향으로 이끌 수 있기를 바란다. 더불어 상처도 사랑이라는 말을 믿으며 두려움과 긴장을 당연시하지 않고, 진실한 사랑에서 기본 중의 기본은 안전이라는 사실을 잊지 않았으면 좋겠다.

# 서로 이해할 수는 없어도
# 상대방이 나처럼 쓸쓸하다는 건 안다

인도 철학자 지두 크리슈나무르티가 말했다. "이 세상에 존재하는 사람 수만큼 다양한 의식과 세계가 존재한다." 나는 이 말을 읽으면서 서러웠던 기억이 떠올랐다. 내가 어떻게 생각하고 설명하며 소통하든지와 상관없이 그저 내 생각을 말하기만 해도 누군가에게 나는 그들을 해치는 악인처럼 취급되었다. 설령 나에게 그런 의도가 없었더라도 다른 사람이 있다고 하면 있는 것이었다. 크리슈나무르티의 말은 모두에게 깨달음을 준다. 얼핏 보면 우리는 같은 세상에 사는 듯 보이지만 사실은 수천수만 가지의 세상이 존재하고, 모든 사람에게는 저마다 자기의식이 만들어낸 공간이 있어서 각자 다르게 사물을 바라보고 이해한다는 것을 말이다.

사실이다. 그리고 나는 그로 인해 늘 감상에 젖었다. 모든 사람에게 각자 만들어낸 세상이 있고 어떤 일의 인과관계에 대해 본인만의 해석과 주장이 있다면, 우리가 자기 세상의 문을 열어도 서로 가까워질 수 없는 사람이 있을지도 모른다는 생각이 들었다. 모든 사람이 각기 다른 행성에 살고 그 안에 저마다 생각하는 사물의 이치가 있다면, 타인에게 개방된 사람들의 세상과 그렇지 못한 사람들의 세상도 있지 않을까.

상대방의 세상은 원래 그렇다며 이해해보려고 해도 자기 집 창문 크기만큼만 바깥세상을 이해할 수 있다. 온전하게 나를 상대방의 입장에 대입해서 그 사람의 성격과 생각으로 세상일을 해석할 수는 없다. 하지만 서로 바라보는 풍경이 비슷하다고 느끼고 비슷한 언어로 소통할 수 있다면 그것만으로도 특별한 감동과 위로를 받을 것이다.

사람은 누구나 혼자가 되기를 두려워한다. 따라서 내 세상이 다른 사람의 세상과 다르고, 평생 다른 사람의 시선과 인생 경험으로 어떤 일을 바라볼 수 없음을 알지만 그럼에도 불구하고 우리는 다른 사람과 가까워지고 그들을 이해하는 동시에 스스로 이해받기 위해서 노력해야 한다.

인정받는 느낌은 사람이 자신의 존재를 인정하고 신뢰할 수 있는 기초가 된다. 이것이 바로 내가 심리학자 나가누마 무쓰오의 책에서 본 '존재의 안정감'이다. 예를 들어보자. 밥 먹을 때 부모가 아이에게 묻는다. "맛있어?" 맛있으면 아이가 대답한다. "맛있어요." 아이의 말에 부모도 미소로 화답한다. 별것 아닌 듯 보이는 이런 상호 작용을 통해 자녀는 자신의 감정을 밖으로 표현하고 다른 사람과 서로 이해하는 법을 배운다. 부모는 자녀가 기뻐하는 모습을 보며 미소 짓고 자녀도 부모의 미소를 보며 따라 웃는다. 이런 소소한 일상은 성장 과정에서 내가 여기에 살고 다른 사람과 함께 있다는 느낌을 형성하는 데 매우 중요하다.

사회에 섞이지 못하고 타인의 기분이나 감정을 이해하지도 못하는 경계선 인격 장애Borderline Personality Disorder, BPD 판정을 받은 사람은 대부분 성장 과정에서 이런 상호 작용이 부족했다. 자기 감정이 타인과 공감대를 형성하지 못했기 때문에 자신의 존재를 느낄 수 없었던 것이다. 그래서 줄곧 자신을 무시했던 사회, 자신을 억압하고 내 감정을 소유하지 못하게 막은 부모에게 복수하겠다는 마음으로 나와 남을 해치는 일이 발생한다.

존재의 안정감은 사람뿐만 아니라 사회의 존속을 위해서도 매우 중요하다. 따라서 크리슈나무르티가 말했듯이 이 세상에 존재하는 사람 수만큼 다양한 세계가 존재한다고 해서 그게 우리가 각자의 세계와 거리를 유지하고 서로 이해하려는 노력을 포기해야 한다는 뜻은 아니다. 오히려 그와 정반대로 각자의 세계가 다르기에 더더욱 열심히 교류하고 상호 이해를 통해 서로의 존재를 확인해야 한다.

사람과 소통하면 연대감이 생긴다. 그래서 출생 시 모체에서 떨어져 나온 후로 줄곧 떨칠 수 없었던 고독을 없애고 위로할 수 있다. **모든 사람은 저마다 다른 생각을 가지고 있어서 고독을 느낀다. 하지만 같은 원리로 사람과 사람이 서로 이해하고 또 이해해보려는 마음이 있기에 감동적이다.**

크리슈나무르티의 말을 보고 슬펐던 이유는 내게 정말 중요한 사람이 나와 전혀 다른 세상을 보고 있을지 모른다는 생각이 들어서다. 어떤 세상들은 서로 너무 멀리 떨어져 있다. 그 사이에 다리를 놓는다고 해도 뛰어넘을 수 없는 먼 거리다. 우리는 각자 다른 행성에 사는 주민과 같아서 상대방에게 하소연하고 상대를 이해시키고 싶은 그 마음이 겨우 그 사람에게 닿아도 그때는 이미 너무 늦은 후다.

**서로를 완전히 이해하는 일이 불가능하다는 사실을 알게 되면 쓸쓸하다. 하지만 그 쓸쓸함이 어쩌면 우리가 서로 다름을 내려놓고 소통할 수 있는 가장 큰 공통점일지도 모르겠다.**

# 서로가 죽을 수 있다는
# 생각을 떠올리기만 해도
# 가족 사이는 끈끈해진다

언제부터인지 모르겠지만 비슷한 꿈을 자주 꾸었다. 아빠, 엄마, 오빠는 고정 출연이고 올케가 가끔 등장했다. 나는 가족을 뒤따라가고 있었다. 한 가족인데 무슨 이유에서인지 나는 언제나 혼자였다. 다 같이 출발하기로 한 시간을 못 맞추거나 차를 놓칠 때도 있었다. 어쨌든 부모님과 오빠 위주인 가족이 나를 기다리는 법은 없었다. "네가 알아서 따라와!" 나는 고개를 끄덕이며 낯선 장소에서 그들을 찾으려고 노력했다.

유난히 기억에 남는 꿈이 있다. 온 가족이 산에 있는 통나무집에 놀러 갔다. 방을 배정하는데 집주인이 귀신 나오는 방이 하나 있다고 알려주었다. 꿈에서 엄마가 나를 보며 말했다.

"괜찮지?" 나는 고민도 없이 바로 고개를 끄덕였다. "네, 괜찮아요." 하지만 속으로는 무서워 죽을 것만 같았다. 왠지 모르겠지만 거절할 수 없었다. 집주인에게 그 얘기를 듣자마자 나는 내가 그 방에서 묵게 되리라고 예상했다. 무섭다고 말해도 누구 하나 이해해주지 않으리라는 것도 알았다. 꿈에서 자는데 정말 침대맡에 있는 거울에서 여자 귀신이 나타났다. 놀란 나는 온몸에 식은땀을 흘리며 잠에서 깼다.

다른 꿈도 대강 이런 식이었다. 한번은 가족과 몇 시에 만나기로 약속했는데 각자 알아서 차를 타고 떠나버렸다. 그렇게 산이나 대도시에서 길을 잃으면 나는 주변에 익숙한 풍경이 보이는지 살피려고 노력했다. 그러고는 끊임없이 스스로를 위로하며 이렇게 말했다. "무서워하지 마. 별일 없을 거야. 괜찮아." 실제로는 무서워서 울고 싶었지만 말이다.

대학 시절, 당시 남자친구이자 지금의 남편을 알게 된 후로는 꿈에서 가끔 구조를 요청할 대상이 나타났다. 휴대폰으로 그에게 전화해서 내가 지금 어디에 있다고 말하거나, 내가 어디 있는지 몰라도 그가 나를 찾아오겠다고 말했다.

꿈에서 느끼는 기분이 꼭 내가 현실에서 느끼는 기분 같았다. 내가 부모, 오빠와 같이 있을 때나 세 사람이 함께 지내는 모습을 옆에서 지켜볼 때 드는 느낌이었다. 오빠가 10대 때 집을 떠나 타지에서 생활해서 그런지 부모님과 만나면 항상 거리가 주는 애틋함이 있었다. 원래도 아들을 챙기지 않는 부모가 아니었기 때문에 오빠가 집을 떠나 생활한 후로는 본인이 돌봐주지 못한다는 생각에 부모님은 더 가슴 아파했다. 오빠가 집에 오면 부모님은 좋아서 야단법석이었다. 분위기로만 봐서는 마치 오빠가 선물이라도 챙겨온 것 같았지만 부모님에게는 오빠가 곧 선물이었다.

형제는 따로 나가 살고 본인은 부모와 같이 사는 사람이라면 어떤 느낌인지 이해하지 않을까? 함께 살기 때문에 그립지 않고 오히려 더 자주 부딪히며, 생활 방식을 비롯해 하나부터 열까지 서로 눈에 거슬리기 마련이다. 국가 대사부터 소소한 일상에 이르기까지 '이 집에서는 누구의 말이 법인가'를 두고 충돌이 일어나기도 한다.

그런데 같이 살지 않으면 이야기가 달라진다. 친구 같기도 하고 친구보다 더 가까운 사이 같기도 하다. 나는 부모님이 싸울 때마다 오빠에게 전화해서 집에 오라고 했다. 오빠가 오면 가족이 한자리에 모였다는 기쁨이 부모님의 냉전으로 싸늘해진 분위기를 누그러트리고 나도 편해질 수 있다는 걸 알았기 때문이다. 그런데 한편으로는 마법을 부린 듯 가정의 분쟁을 해결할 수 있는 오빠가 부럽기도 하고 질투가 나기도 했다.

오빠의 존재는 마치 선물 같았다. 오빠가 나타나기만 하면 부모님은 서로에 대한 불만을 까맣게 잊었다. 반면 내 말은 부모님의 불만을 더 부추길 뿐이었다. 그들은 늘 내게서 상대방의 모습을 보거나 본인이 싫어하는 자신의 특징을 발견했기 때문이다. 오빠는 사실 성격이 둥글둥글해서 더 부모님과 가까워질 수 있었고, 나는 부모님 앞에만 서면 영 말주변이 없었다. 현실에서 느끼는 내 감정은 꿈에도 어느 정도 반영됐다. 부모님과 오빠 사이에서 느껴지는 친밀함은 내가 갈망했지만 얻지 못한 것이었다. 이 외에도 내가 부모님에게 부정당하고 인정받지 못한 경험은 셀 수 없이 많다.

나는 왜 부모님이 오빠에게는 당연한 듯 보호자로 나서서 역성을 들어주는지, 왜 나는 부모가 도와줄 필요가 없고 혼자서도 충분하다고 생각하는지 현실에서든 꿈에서든 한 번도 의문을 제기한 적이 없다. 부모님이 실제로 그런 생각을 했는지 안 했는지와 상관없이 내가 느끼기에 부모님은 나에 대해서는 보호자처럼 행동하지 않았다. 나는 연약한 모습을 보이면 안 되었고 부모님의 신경은 늘 오빠에게만 쏠려 있었다. 부모님은 오빠가 약한 모습을 보이면 안타까워하고, 고생하는 모습을 보면 가슴 아파했다.

나는 남편을 만나고 나서야 다른 사람에게 하소연하거나, 약한 모습을 보이면서 두렵다거나 할 수 없다고 말해도 된다는 걸 알게 되었다. 내가 현 상태를 유지해도 남편은 항상 그 모습 그대로 괜찮다고 해줬다. 연약함을 드러내도 약해빠졌다는 비난이 돌아오지 않는 걸 보면서 나는 그제야 긴장을 좀 풀어도 되겠다는 생각이 들었다. '더 나은 사람'이 되기 위해 노력하라고 스스로 몰아세울 필요도 없다는 걸 깨달았다.

불과 몇 년밖에 되지 않았지만 내가 꾼 꿈들은 줄거리가 비슷했다. 꿈에서 나는 늘 배회하며 무언가를 찾았고, 집에 가고 싶었으며, 가족의 발걸음을 따라가기 위해 노력했다. 그런데 최근에는 다른 꿈을 꾸기 시작했다. 1년 전쯤 꿈에서 나는 엄마와 어느 집 창가에 서 있었다. 창밖 풍경은 유럽의 설경 같았고, 내가 중학교 때 좋아한 스타가 수많은 관광객과 함께 스키를 타며 즐거워하는 모습이 선명하게 보였다. "다들 저랬구나." 내가 엄마에게 말했다. 꿈에서 깨고 나서야 나는 왜 그토록 그 꿈이 기억에 남았는지 알게 되었다. 그동안 꿈속에서 부모님의 뒷모습만 바라봤을 뿐 나란히 서서 편하게 대화를 나눈 적이 거의 없었기 때문이다.

6개월 전에 나는 또 한 번 선명한 꿈을 꾸었다. 어느 작은 집 창가에 부모님과 서 있는데 창밖을 보니 해안가에 큰 파도가 일어 저 멀리 보이는 건물 지붕이 물에 잠겼다. 해일은 계속 우리를 향해 다가오고 있었다. 속으로 세계 종말이 왔다고 생각했다. 우리가 살날이 얼마 남지 않았고 해일이 금방 우리를 집어삼킬 게 분명했다. 그때 꿈에서 나는 뭔가를 말해야만 한다는 생각밖에 없었다. 그래서 부모님에게 말했다. "아빠, 엄

마. 낳아주셔서 감사해요." 이 말을 하고 안도의 한숨을 내쉬며 지금 죽어도 여한이 없다고 생각했다. 가장 중요한 말을 한 느낌이었는데, 갑자기 우리가 있던 집이 뒤로 물러나기 시작했다. 차가 빠르게 후진하듯 집이 해안가와 멀어졌고, 금방이라도 집을 통째로 집어삼킬 것만 같았던 해일과 어느 정도 거리가 벌어졌다. 그 순간 어쩌면 살 수도 있겠다는 생각이 들면서 꿈에서 깼다.

나는 줄곧 비슷한 꿈을 꿨기 때문에 특별한 꿈은 기억에 남았다. 내 기억에 얼마 후 내 생일이었는데, 생일 당일에 실제로 엄마와 아빠에게 이렇게 말했다. "낳아주셔서 감사해요. 인생이 고달프긴 하지만 그래도 멋진 것 같아요." 꿈에서 나는 그 말이 가장 중요하게 느껴졌고 꼭 말해야만 할 기분이 들었는데 현실에서도 마찬가지였다. 우리 관계가 어떠하든 내가 이 집에서 겉도는 것 같고 입 밖으로 꺼낸 말을 이해받지 못해 말수가 줄어든 적이 몇 번이든 간에, 사람은 결국 죽는다고 생각하면 고마움을 표현하는 일이 가장 중요하게 느껴진다. 이 세상에 태어났기 때문에 이 모든 걸 생각하고 경험할 수 있는 것이다. 좋든 싫든 살아 있기에 느낄 수 있는 감정이다. 나는 지금 내 삶에 감사하고 살아 있음에 감사한다.

가와이 하야오가 말했다. "사람은 자신이 언젠가는 죽는다고 생각하면 상냥해진다." 신종 코로나바이러스가 가장 심각했던 2년 동안 꿨던 꿈들이었다. 어쩌면 일상에 드리운 죽음의 그림자에 영향을 받아 그런 꿈을 꿨는지도 모르겠다. 서로가 계속 살아 있으리라는 생각에 집착하게 되는 일들이 있다. 사람은 언젠가는 죽는다고 생각하면 좀 더 쉽게 고마움을 표현할 수 있다.

앞으로 나는 또 어떤 꿈을 꾸게 될까? 부모를 따라가지 못하는 꿈은 점점 꾸지 않게 됐는데, 이것은 어쩌면 내 가정이 생긴 현실을 반영하는지도 모르겠다. 지금 내 가족은 내가 바라던 것처럼 서로 배려하고 사랑할 수 있는 사람들이다. 그래서 이제는 더 이상 원가족의 부모를 따라가지 못한다고 당황하지 않는다. 그들 가정은 그들 가정이고 내 가정은 내 가정이라고 생각할 수 있게 되었다. **나는 내 가정이 있는 사람**, 이것이 지금 내가 느끼는 심정이다.

에필로그

# 내 방식대로 산다는 것은
# 내 생각과 마음을 써내는 일이다

나는 마흔이 된 첫날을 평범하게 보냈다. 하지만 평범하게 보낼 수 있는 날이 있어서 행복했다. 아침에 일어나서 아침밥을 먹고 아이를 학교에 보낸 뒤 집에서 집안일을 하고 업무를 보았다. 여전히 걱정거리는 있지만 인생에 걱정이 아예 없을 수는 없다. 걱정과 공존하는 법을 배우는 것이 인생이며, 고민에서 벗어날 수 없다는 사실을 깨달은 후로는 신기하게도 문제를 꼭 해결해야만 한다거나 곤경과 성가신 일을 없애기 위해 노력해야 한다는 강박이 싹 사라졌다. 오히려 어깨가 한결 가벼워지고 평범한 행복이 눈에 들어오기 시작했다.

정오에는 흰죽을 끓여서 한번 긴장하면 쉽게 쪼그라드는

내 위를 좀 달래줄 생각이었다. 그리고 생일이니 나름 기념하는 의미로 영화를 한 편 볼까 고민했다. 그러다가 나중에는 의식 자체에 너무 연연하면 스스로를 위로하고 포상하는 일상의 조미료 같은 의식이 도리어 해결해야 할 숙제가 되는 것 같다는 생각이 들었다. 본말이 전도되는 느낌이었다.

기왕 이렇게 된 거 서두를 필요 없이 꼭 해야 한다는 생각이 들면 그때 하자고 마음먹었다. 그 전날 뭘 잘못 먹었는지 위가 불편해서 그날까지도 몸에 영 힘이 없었기 때문이다. 약을 먹었지만 몸 안에서 장기들이 계속 싸우는 듯했다. 이렇게 내 몸이 내는 소리에 귀를 기울이듯이 내 마음의 소리에 귀를 기울이고 무리하지 않으면서 자신을 과도하게 몰아붙이지 않기로 했다. 마흔을 기분 좋게 시작하는 느낌이었다. 더 발전해서 성공에 가까워지고 사람들에게 인정받으려고 스스로를 못살게 굴던 성취욕을 조금씩 내려놓고 이제부터는 온전한 나만의 인생을 살 것이다.

사실 나는 그런 게 다 무슨 의미가 있느냐고 의심하던 사람이다. 어려서부터 원가족과 살며 자주 했던 생각 때문일지도 모른다. 겉으로 봤을 때 부모님은 꽤 성공한 사람이고 오붓한 가정, 안정된 직장과 좋은 이미지를 가지고 있었지만, 집에서는 진짜 행복한 사람처럼 보이지 않았다. 행복과 성공 중 한 가지만 고를 수 있다면 무엇을 선택해야 할까?

나는 사람들이 믿는 '성공하면 행복은 저절로 따라온다'는 말을 처음부터 의심했던 것 같다. 하지만 과거에는 나 역시 성공에 목말라하던 때가 있었다. 부모님이 나를 인정해주고 나로 인해 기뻐하기를 바랐다. 그리고 그 이상으로 부모님이 딸인 나를 좋아해주기를 소망했다. 그동안 해왔던 수많은 선택에 이런 내적 동기가 있었다는 사실을 깨달았을 때 나는 진심으로 성공이라는 목표를 내려놓고 싶어졌다.

그 후로 내가 정말 하고 싶은 일을 하고 되고 싶은 사람이 되었다. 덕분에 서른쯤 원가족을 벗어나 내 삶을 꾸리겠다고 다짐한 내가 서른 이후 새 삶을 얻을 수 있었다. 그렇게 또 10년이 흘렀다. 지난 10년 동안 나는 새로 태어난 사람처럼 자녀와 함께 성장했다. 물론 막막하고 힘들 때도 있었지만 과거에는 한 번도 경험하지 못한 편안한 삶을 살았다.

인생의 전반부는 어리석게 살았다. 그동안 내 삶은 없고 반드시 해야 하는 일들만 가득한 환상 속에서 살았기 때문이다. 마흔이 되어서야 진짜 내 모습이 서서히 보이는 기분이다. 과거에 나를 속이던 것들, '이 집 아이'라는 신분에 얽매여 나에게는 하소연할 권리가 없다고 생각했던 일들을 글로 쓰고 싶다. 사실 이건 내 생각과 느낌에 불과하다. 사람이 본인의 심정을 하소연할 수 있느냐는 본디 사회적 불평등과 관련이 있다.

2021년 몸 상태가 아주 나빴던 적이 있었다. 팬데믹이 가장 심각했던 시기는 아니지만 일상에 어느새 어두운 그림자가 드리워지기 시작한 때였다. 과로와 불면증으로 면역력이 떨어진 나는 약을 먹고 병원 진료를 받으며 병세가 좋아졌다 나빠졌다 하는 나날을 보내고 있었다.

당시 나는 내 상태가 왜 그런지 이유를 모른다는 점이 가장 무서웠다. 그냥 밖에서 좀 걸었을 뿐인데도 너무 피곤했다. 피곤해서 누워 있어도 몸 상태가 이상하다고 느껴질 정도였다. '며칠 쉬면 괜찮아지겠지'라고 생각했다. 하지만 엄마인 이상 완전하게 휴식을 취하기는 불가능했다. 아이가 집에 와서 끊임없이 엄마를 부르면 아이와 대화하고 집안일을 하기 위해 애써 기운을 차렸다.

나는 걱정을 달고 살며 매사에 비관적인 사람이다. 이제 겨우 사십 줄에 접어들었는데 몸에 이상이 생기니 시도 때도 없이 걱정되었다. 이 나이대에 갑자기 심각한 병을 발견하거나 일찍 세상을 떠나는 사람이 많다는 생각도 들었다.

나는 괜한 걱정을 한다는 소리를 들을까 봐 남들에게는 말할 엄두도 내지 못했다. 하지만 그 당시는 팬데믹이 심각해지던 시기라 코로나19 확진자 중에 증세가 심해져 숨지는 일이 매일같이 발생했다. '내 인생이 아무런 예고도 없이 끝나버리면 어떡하지'라고 생각하는 사람이 나 말고도 수없이 많았을 것이다.

우리는 보통 자기가 죽는다고 생각하며 살지는 않는다. 인생무상을 느끼게 하는 일을 계속 생각하다 보면 평소에 우리가 바라고 추구하는 것들이 무의미해지기 때문이다. 현재를 살기 위해서는 의식적으로 죽음을 뒤로 미뤄야만 한다.

현대인들은 죽음을 인생의 일부로 여기지 않고 병리학적이며 비정상적인 것으로 대한다. 본인의 건강을 잘 챙기지 않거나 정말 예기치 못한 사고를 당한 사람만 죽는다고 생각한다. 그러니 팬데믹 같은 일이 실제로 우리 눈앞에 벌어졌을 때 얼마나 많은 사람이 불안에 떨었겠는가.

'죽음을 두려워하는 건 삶을 두려워하는 것과 같다.' 당시에 나는 계속 이런 식으로 스스로를 상기시켰다. 죽음에 대한 두려움에 얽매이지 말고 착실하게 현재를 살아가자고 말이다. 그런데 솔직히 말하면 나는 걱정을 완전히 떨치지 못한 채 일상을 살고 있다. 무엇보다도 수업이 중단된 것만 알고 세상에 천지개벽이라고 할 만한 변화가 일어났다는 사실은 전혀 모르는 순진무구한 자녀를 보고 있자면 마음이 심란했다. 너무 많은 걸 이야기하면 아이들에게 죽음에 대한 두려움을 너무 일찍 심어주지 않을까 염려되기도 하고, 반대로 너무 적게 말해서 자녀가 우리처럼 적절한 마음의 준비도 못한 채 인생의 자연스러운 과정을 맞이하게 될까 봐 걱정스럽기도 했다.

**나의 진실을 써내는 일**이 얼마나 중요한지 깨달은 것도 그

때였다. 매일 스스로에게 물었다. '확진자였다가 중병으로 세상을 떠나는 사람이 나라면, 나에게 가장 아쉬운 건 무엇일까' 하고 말이다. 가장 아쉬운 건 역시 자식이었다. 내 삶이 사라지는 것보다 자녀들이 엄마라고 불렀을 때 더 이상 내 대답을 들을 수 없을까 봐 두려웠다. 어린 자녀에게는 엄마가 주는 안전감이 필요한데, 자녀가 아무 준비도 하지 못한 상태에서 안전감을 주는 사람이 떠나버린다면 치유하기 힘든 상처가 남을 터였다. 나는 아이들이 상처받고 괴로움에 마음 아파할까 봐 두렵다. 이는 내게 무슨 일이 생기는 것보다 훨씬 두려운 일이다.

나는 또 한 번 엄마로서 강인함과 연약함을 느낀다. 내게 아무리 위험하거나 고통스러운 일이 닥쳐도 자녀가 위험에 빠지거나 괴로워하는 것에 비하면 견딜 수 있다는 데서 엄마의 강인함을 느낀다. 그런데 연약함을 느끼는 지점도 이와 마찬가지다. 자녀를 보호하고 그들이 내 도움을 필요로 할 때 옆에 있어줄 수 있는 능력이 있는지 나로서는 평생 알 길이 없다. 밖에서 입었던 옷과 가져온 물건들을 집에 와서 날마다 소독하는 일이 과연 쓸모가 있을까? 오프라인 수업이 시작되면 아이들을 학교에 보내야 할까? 학교에 갔다가 아이들이 확진되면 어떡하지? 만약 후유증이라도 남으면 나 자신을 용서할 수 없을 것이다. 아직 백신이 나오기도 전이고 이 바이러스에 대한 인류의 통제력이 미미하던 시기에 나는 영영 일상으로 돌아갈 수 없을지도 모른다는 생각에 두려웠다.

그런데 시간이 좀 지나자 비정상적인 감각조차 일상이 되고 모든 것이 '정상'처럼 느껴졌다. 인류의 적응 능력에 감탄하기도 했지만 어쩌면 그 적응력이란 스스로를 둔감하게 만드는 능력일지도 모른다. 한없이 두렵고 우울할 때 마음이 지나치게 예민한 사람들은 스스로 생각하거나 듣지 못하게 자신을 가두고 그저 하루하루를 잘 보내기 위해 노력했다.

인생무상의 감정과 내가 자녀 곁에 있어줄 수 없다는 것 이외에 내가 지금 당장 세상을 떠난다고 할 때 인생에서 가장 아쉬울 일을 꼽으라면 그건 바로 글쓰기다. 그때 나는 글을 쓰겠다는 내 집념이 꽤 강하다는 걸 알고 적잖이 놀랐다. 나는 가정과 결혼에 대한 사색의 결과를 글로 적을 수 있는 최적의 시기가 언제일지, 언제쯤이면 내가 하고 싶은 이야기를 속 시원히 말하고 가족들의 민감한 부분을 건드릴까 봐 걱정하지 않아도 되는지를 줄곧 생각해왔다. 하지만 나는 그런 시기를 찾지 못했음을 깨달았다.

집에서 겪은 일에 대한 생각이 사람마다 다르기에 가정, 결혼, 부모와 자식 관계에 대한 경험과 이해도 저마다 다를 수밖에 없다. 매사에 우리는 각자 자기 의견을 고집한다. 광활한 은하계의 양 극단에 사는 것처럼 내가 어떻게든 고쳐 쓰고 기다린다고 해도 서로 다른 생각이 가까워질 날은 영영 오지 않는다. 그렇다면 내가 내 해석을 내려놓고 상대방의 해석을 받아들여야 할까? 상대방의 설명이 더 의미 있고 진실에 가까울까? 시간이 지나고 보니 그런 건 더 이상 중요하지 않다는 생각이 들었다. 사람은 저마다 어떤 일에 대해 본인의 생각과 감정이 있어서 내가 별로 동의하지 않는 듯한 모습을 내비치기만 해도 누군가는 불쾌함을 느낀다. 그래서 지치고 억압받는 기분이 드는 것이다.

우리는 언제쯤 내 의견을 가지고 그것에 귀 기울여달라고 다른 사람에게 요청할 수 있을까? 사물에 대한 해석과 의견이 저마다 다른데 무조건 옳고 그름을 따져야 할까? 어떤 일이나 그 일이 주는 느낌에 대해 옳고 그름을 따지는 것은 아무 의미가 없다. 너는 너대로, 나는 나대로 그렇게 각자 느끼는 감정만 있을 뿐이다.

인간의 고통은 아쉬움을 없애려는 헛된 바람에서 비롯한다. 하지만 어쩔 수 없이 짊어져야 하는 아쉬움이 있고, **인생에는 늘 아쉬움이 따른다는 사실을 받아들여야만 끊임없이 아쉬움과 씨름하다 자기 인생을 허비하지 않는다는 걸** 이제야 서서히 깨닫고 있다. 예를 들어 하늘과 땅 차이만큼 생각이 다르고 어떤 일에 대한 해석이 전혀 다른 사람과 서로 이해하는 일은 평생을 노력해도 불가능하다. 서로 합의에 이르러야만 아쉬움이 없다며 상대에게 이해를 강요한다면 오히려 더 많은 상처를 초래한다. 내가 내 생각을 말하는 건 그냥 말하고 싶어서다. 말하자면 내 감정에는 원래 존재할 권리와 누군가에게 그 감정을 들어달라고 요구할 권리가 있다는 걸 깨달은 느낌이다.

앨리스 밀러는 『몸은 거짓말을 하지 않는다』에서 "어릴 적 상처받았던 경험이 있는 사람의 마음에는 어두운 방에 갇힌 아이가 있다. 그때 존재를 허락받지 못한 아픔, 두려움, 고통, 분노가 밖으로 분출된다면 사실 모든 것이 괜찮아진다"라고 말했다. 그런데 문제는 그런 감정들이 부모와 자녀 사이에 생긴다는 점이다. 부모를 공경하고 사랑하며 감사해야 한다는 이런저런 도덕적 부담감 때문에 그 감정들을 표출할 수 없고, 심지어 존재하지 않는 것처럼 가장해야 한다.

유년 시절과 청소년기에 방에 철창이 없다면 뛰어내릴 수 있겠다는 상상을 자주 했다. 다른 사람이 볼 수 있게 스스로 다치게 해서 내가 상처받았다는 사실을 알리고 싶었다. 그때 일기를 쓴 이유도 그런 목적이었다. 내가 이 세상에 없을 때 누군가 일기를 보고 내가 어떤 심정이었는지를 알아주었으면 했고, 가족에게 이해받고 싶었으며, 그들이 내 말을 들어주기를 바랐다는 걸 알게 되리라는 헛된 생각을 했다. 그런데 이제 상대방이 알아주길 바라는 단계는 지났다. 지금 내가 예전에 느꼈던 감정을 이야기하는 것은 이런 감정을 느끼게 한 사람과 대화하기 위함이 아니라 나와 같은 감정을 가진 사람과 교류하고 싶어서다.

기억에 유일한 진실이란 없다. 사람마다 자기 방식으로 과거에 있었던 일을 해석하기 때문이다. 나의 해석도 나만의 진실이라는 점을 강조하고 싶다. 이건 다른 사람이 부정하거나 없애라고 요구할 수 있는 부분이 아니다. 만약 그게 가능하다면 그건 나의 일부를 부정하는 것이다.

사람은 누구나 나답게 살고 진실한 생각과 감정을 말할 권한이 있다. 하지만 내 생각과 감정을 말함으로써 누군가를 상처받게 하거나 다치게 할 권한은 없다. 가정에서 일어나는 일들은 설명이 안 되는 부분이 있다. 가정에 대한 의견도 마찬가지다. 본인은 이미 익숙해져서 집을 벗어나고 싶다는 다른 사람의 의견을 받아들이지 못하는 사람이 있는가 하면, 기득권층이라서 현재 상황이 바뀌지 않기를 바라는 사람도 있다. 모든 사람은 자신의 경험과 느낌에 따라 기대와 생각이 달라진다.

내가 내 경험을 말하는 이유는 줄곧 억눌려 있던 감정을 풀어주고 싶어서일 뿐이다. 나를 글쓰기의 길로 이끌었던 곤혹스럽고 막막한 감정들. 사랑이란 무엇인가? 가정이란 무엇인가? 결혼은 또 무엇인가? 자기 감정에 다쳐 심한 고통을 느끼는 사람을 구원하기에 사랑, 가정, 결혼은 어딘가 부족하지 않은가?

**나는 부모님의 고통을 이해하고 싶었다. 그건 어려서부터 줄곧 하고 싶었던 일이다.** 하지만 부모님의 고통이 어떻게 나의 고통을 초래했는지를 이해하지 않는다면 그 임무는 영원히 실행할 수 없었다. 게다가 그 임무를 완수할 가능성도 없었다. 사람이 타인을 완벽하게 이해하고 과거에 일어난 일을 이해하기란 불가능하기 때문이다. 설령 내가 "그래서 당신이 고통스러웠던 것 같아요"라고 말해도 상대가 꼭 동의한다는 보장은 없다.

내가 이해할 수 있는 건 오직 나에게 해당하는 부분이다. 이건 내가 인생에서 배운 교훈이기도 하다. 내가 왜 아쉬웠고 실망했는지를 이해하고, 가장 솔직한 내 마음의 소리에 귀 기울이며 소중히 여기면서 터득한 것이다.

글을 쓰는 지금 내 생각은 이미 개인 차원의 질문을 넘어섰다. 이제는 특정 사람이나 사물이 아니라 사랑, 결혼, 가정에 대한 사람들의 의견이 궁금해졌다. 괴로움보다 즐거움이 많은 가정이 과연 존재하는지, 서로 사랑하는 비결이 과연 말로 표현하고 노력해서 실현할 수 있는 것인지 말이다.

**나는 누군가에게 죗값을 묻는 무기가 아니라 생각의 도구로서 글쓰기가 필요하다고 생각한다. 글쓰기는 마음속 어느 방안에 갇혀 오랫동안 억눌려 있던 나 자신을 해방시켜주었다. 그때부터 나는 더 이상 과거에 살지 않고 글이 부여한 삶을 살고 있다.**

글쓰기는 내가 나로 사는 방식이다. 글쓰기는 내가 살아 있음을 증명하는 수단이 아니다. 삶의 그릇처럼 내가 글 안에서 계속 살아갈 뿐이다. 팬데믹과 좋지 않던 몸 상태 때문에 인생무상과 죽음에 대한 두려움을 느꼈던 나는 이렇게 살길을 찾았다. 그동안 숨기고 억눌러온 솔직한 내 감정과 생각을 이제는 허심탄회하게 써내고 싶다.

# 세상에 나쁜 부모는 있다

2025년 4월 10일 1판 1쇄 인쇄
2025년 4월 21일 1판 1쇄 발행

**지은이** 위쳰
**옮긴이** 박소정
**펴낸이** 한기호
**책임편집** 유태선
**편집** 도은숙, 정안나, 김현구, 김혜경
**디자인** 늦봄
**마케팅** 윤수연
**경영지원** 국순근
**펴낸곳** 북바이북
출판등록 2009년 5월 12일 제313-2009-100호
주소 04029 서울시 마포구 동교로12안길 14, 2층(서교동, 삼성빌딩 A)
전화 02-336-5675 팩스 02-337-5347
이메일 kpm@kpm21.co.kr
홈페이지 www.kpm21.co.kr

**ISBN** 979-11-90812-62-7 03300

· 책값은 뒤표지에 있습니다.
· 잘못된 책은 구입처에서 교환해드립니다.